NEUER SPORTVERLAG

BLIND DATE SPORT-PSYCHO-LOGIE

› Was Sie schon immer über die Bedeutung der Psyche im Sport und über ihre systematische Unterstützung wissen wollten.

von Renate Eichenberger

BLIND DATE SPORTPSYCHOLOGIE

Was Sie schon immer über die Bedeutung der Psyche im Sport und über ihre systematische Unterstützung wissen wollten.

Ein praktischer Einblick zur Arbeit mit Sportpsychologen …

… für Einzel- und Mannschaftssportler, Trainer, Vereinsverantwortliche, Verbände, Eltern, Schiedsrichter und Interessierte

von Renate Eichenberger

ABSTRACT

«Blind Date Sportpsychologie» bietet einen Einblick in die Arbeit eines bzw. mit einem Sportpsychologen und zeigt Einzelsportlern, Trainern, Verantwortlichen in Vereinen und Verbänden, Schiedsrichtern, Eltern, Sportpsychologen und allen weiteren Interessierten praxisnah auf, warum sportpsychologische Unterstützung für jeden Sportler hilfreich sein kann – oder noch besser, warum sie im Sportleralltag dazugehören sollte.

Es wird darauf eingegangen, welche Bedeutung die Psyche im Sport hat und wie sportpsychologische Unterstützung wichtige Dienste in der Leistungs- und Persönlichkeitsentwicklung leisten kann.

Die Arbeit zwischen einem Sportler und einem Sportpsychologen bringt immer eine Veränderung des Verhaltens des Sportlers mit sich. Erfolgreiche Veränderungsprozesse brauchen ein strukturiertes, strategisches Vorgehen. Anhand eines Hürdenlaufes werden die einzelnen Schritte des Veränderungsprozesses visualisiert. Hierfür werden einzelne Elemente aus den drei Wissenschaften Psychologie, Sport und Wirtschaft zusammengeführt.

Ziel ist es, eine individuelle, zielorientierte und erfolgreiche Zusammenarbeit zwischen Einzelsportler, Mannschaften, Trainer, Vereinen, Eltern und Sportpsychologen aufzuzeigen, die als fertige (Gebrauchs-)Anleitung für alle herangezogen werden kann.

Der eigentliche Veränderungsprozess basiert auf dem Projektmanagement aus der Wirtschaft und erklärt die Ablaufphasen Auftragsklärung, Analyse, Konzept, Planung, Einführung/Umsetzung und Abschluss als systematischen Prozess. Jede Phase wird theoretisch und anhand eines Beispiels praxisnah erläutert.

Des Weiteren wird aufgezeigt, welche Bedeutung «messbare» Ziele in der Zusammenarbeit zwischen einem Sportler und einem Sportpsychologen haben und welche möglichen Probleme in den einzelnen Phasen vorkommen können.

Abgerundet wird das Buch mit diversen Interventions-Möglichkeiten und praktischen Beispielen.

VORWORT TOBIAS STIELER

Liebe Leserin und Leser,

stellen Sie sich einmal vor, Sie sind Schiedsrichter in der Fußball-Bundesliga. Im entscheidenden Spiel um die Deutsche Meisterschaft entscheiden Sie auf Strafstoß für die Gastmannschaft wegen eines Handspiels. Das Stadion tobt, explodiert beinahe, Spieler bedrängen Sie, reden auf Sie ein, versuchen Sie zu überzeugen, dass Sie falsch entschieden haben. Plötzlich meldet sich eine Stimme im Ohr, der Video-Assistent, und empfiehlt Ihnen, sich die Situation am Spielfeldrand anzuschauen. Sie laufen zum Spielfeldrand raus, die Beine werden schwerer, der Puls ist immer noch bei 160, Sie gehen an den Monitor, sehen sich die Szene, die zum Strafstoß führte, noch einmal an, aus verschiedenen Kameraeinstellungen. Alle, sowohl die zigtausend Menschen im Stadion als auch die Millionen Fans am Bildschirm, warten gebannt auf eine Entscheidung von Ihnen. «Die» Entscheidung, die vermutlich das Spiel, die Meisterschaft und somit eine ganze Saison entscheidet. Sie wollen richtig entscheiden, lassen sich die komplexe Situation noch einmal zeigen, Unruhe breitet sich aus, im Stadion, bei den Spielern und Ihnen. Sie wissen auch, dass eine Fehlentscheidung in diesem Moment, an dieser bedeutenden Stelle, Ihre Karriere irreparabel beschädigen kann. Sie dürfen jetzt den Kopf nicht verlieren, müssen klar bei sich und der Analyse der Szene bleiben, während um Sie herum die Emotionen der Beteiligten am Überlaufen sind. Wie schaffen Sie das?

Sportpsychologie ist faszinierend. Ich kenne beide Seiten. Sowohl die des Sportlers, der mit einem Sportpsychologen zusammenarbeitet, als auch die des Sportpsychologen, der Sportler unterstützt. Es wäre fatal, wenn ich als Schiedsrichter solch eine dargestellte Szene nicht schon einmal mental durchgegangen wäre, mir Strategien erarbeitet hätte, damit ich eben den großen Druck, der in der Fußball-Bundesliga herrscht, meistern kann. Aber das ist nur ein Beispiel von vielen, bei denen die Sportpsychologie unterstützen kann. Die Woche hat 168 Stunden, Sportler können sicherlich zwei bis drei Stunden täglich trainieren, dann bleiben aber immer noch über 140 Stunden übrig, die die Leistung negativ oder positiv beeinflussen können. Die Sportpsychologie kann hier einen wichtigen Beitrag und Ergänzung leisten: Wie kann ich eine Niederlage verarbeiten? Wie kann ich mit einer Verletzung umgehen? Wie kann ich mein Selbstvertrauen stärken? Wie kann ich mich weiterentwickeln, nicht nur als Sportler, sondern auch als Person? Die Sportpsychologie ist in der Lage, Voraussetzungen zu schaffen, die einen Erfolg wahrscheinlicher machen. Der Kopf ist immer aktiv, sogar im Schlaf, wir haben ihn immer dabei, er steuert unser Fühlen, Denken und Handeln. Und doch wird er (leider) immer noch sträflich im (Leistungs-)Sport vernachlässigt. Ein Grund hierfür ist sicherlich, dass viele einfach nicht wissen, was auf sie zukommt, wenn sie mit einem Sportpsychologen zusammenarbeiten. Viele Mythen, Halbwahrheiten und Vorurteile kursieren in der Gesellschaft. Dieses Buch leistet hier einen wichtigen Beitrag. Es zeigt klar und verständlich auf, wie die Sportpsychologie Sportler auf dem Weg zur sportlichen Höchstleistung begleiten und unterstützen kann, wie Sportler ihr volles Potenzial ausschöpfen können, wie sie einen Teil der 140 Stunden in der Woche positiv für sich, ihre Leistung und ihre Leidenschaft nutzen können. Tauchen Sie ein in eine faszinierende Welt der Entwicklungsmöglichkeiten für sich, Ihr Kind oder Team. Sie werden es nicht bereuen. Viel Spaß beim Lesen!

Tobias Stieler, FIFA- und Bundesliga-Schiedsrichter

VORWORT LUKE SIKMA

I first met Renate during one of my first seasons playing for ALBA Berlin. I would see her occasionally on the sidelines at practice or at other club functions and had some cordial, albeit rudimentary exchanges. I knew her as the team psychologist and was well-aware of the importance of her role as well as the importance of psychology in sport. The pressure that an athlete at any level experiences on a daily basis can manifest itself into stresses and issues in physical, mental, and psychological forms and in turn can end up affecting the performance and, most importantly, the well-being of the athlete. If you are reading this book, I am sure you're very aware of all of this already, so I might be «preaching to the choir» a bit, but I think it's important to reiterate. I have understood the importance of psychology in sports for a long time and have had no doubts in terms of the importance it has on the health and performance of athletes, especially high-level athletes. I tell you all of this because I, a professional basketball player with a 10-year career and numerous team and individual accolades under my belt, still refused to believe, or maybe more accurately, admit that working with a sports psychologist could be very beneficial to my performance and overall well-being. The pride of a high-level athlete is a very real and, for sports psychologists especially, a very frustrating thing! As a basketball player, I have always considered myself a very cerebral player. I have never been the most explosive athlete, nor am I the best shooter, defender, or ball-hander compared to the other players I play against on a week-to-week basis. From an early age, I recognized that my greatest advantage on the court was my mind. Basketball is a fast-paced sport that is constantly changing and evolving and my ability to anticipate the next play, recognize and adjust quickly to whatever on-court situation presents itself, and read all ten players on the court rather than just my teammate or the defender in front of me have always been the strengths of my game. It has allowed me to compete at the highest level of European basketball, the Euroleague, and to win championships in both Germany and Spain. My mind had taken me to the pinnacle of my sport, why then should I look towards the mental side of basketball as an area of improvement? That is where Renate comes in. Before the start of my tenth season as a pro, I decided to reach out to Renate and begin working with her on a consistent basis. In the beginning, I had hoped to talk with her about some issues that were going on in my personal life and being in the midst of a global pandemic, also realized that the upcoming season would look much different to anyone prior and would present a lot of different obstacles for both my team and me. I wanted to take advantage of every resource available, in this case, a highly regarded sports psychologist, to be as well-equipped as possible to tackle any problem that this unique season could throw our way. It did not take very long for me to realize how valuable a resource Renate would become for me personally. While she helped me deal with the personal off-the-court issues I was having, our conversations naturally turned to who I was as an athlete, and more importantly, who I was as a person. We delved deep into what motivated me, what was important in my life, how I dealt with failure, short-term and long goals, and endless other topics, both basketball, and non-basketball related. I would find myself exhausted after sessions with Renate. She was pushing my mind, a part of myself that I considered a strength, to think and analyze at levels that I did not know existed. I began to gather a sense of how my mind functioned, in what ways it worked best, in what ways it struggled. She helped me identify how my mental and psychological stresses were affecting me physically and emotionally as well as how I could help ease those stresses and analyze stressful situations with a cool head to minimize the harm they could otherwise cause. I think most importantly Renate has become someone that listens, no matter what it is I want to talk about. It may seem simple but someone who truly knows how to listen is quite rare. And when you add in the fact that she knows who I am as a person and how my mind works, she can help me navigate whichever situation I am dealing with, both negative and positive, so that I come out the other end feeling better than I did before. While Renate has helped me form this wider, more sophisticated idea of who I am mentally and emotionally, she has also helped me approach things in my life more simply. This has resulted in a lot less personal stress, higher performance on the basketball court, and quiet confidence in myself and who I am that I have never had previously. I could not be happier, and more fortunate to have a resource, or more specifically, a friend like Renate!

Luke Sikma, Player ALBA BERLIN

VORWORT DER AUTORIN

Liebe Sportlerin, lieber Sportler,
liebe Trainerin, lieber Trainer,
liebe Vereinsverantwortliche,
liebe Verantwortliche der Verbände,
liebe Schiedsrichterin, lieber Schiedsrichter,
liebe Eltern,
liebe Sportpsychologin, lieber Sportpsychologe,
liebe Interessierte,

ich liebe Menschen. Ich liebe Sport. Ich liebe Emotionen.
In meiner sportpsychologischen Arbeit habe ich täglich die Möglichkeit, in diese drei Bereiche einzutauchen. Dabei mache ich regelmäßig die Erfahrung, dass rund um das Thema Sportpsychologie (immer noch) zahlreiche Mythen herumgeistern und Unklarheiten bestehen, was die Sportpsychologie genau kann und vor allem auch welchen Nutzen sie hat.

Sie sind interessiert an diesem Thema oder überlegen sich vielleicht konkret, eine Veränderung in Ihren sportlichen Alltag zu bringen und einen Sportpsychologen hinzuzuziehen? Dann sind Sie hier genau richtig.

Doch warum gerade hier? Die Arbeit zwischen einem Sportler und einem Sportpsychologen bringt immer eine Veränderung des Verhaltens des Sportlers mit sich. Erfolgreiche Veränderungsprozesse brauchen ein strukturiertes, strategisches Vorgehen. Dafür bringe ich die drei Wissenschaften Psychologie, Sport und Wirtschaft zusammen und zeige Ihnen – anhand eines Hürdenlaufs – auf, wie ein Sportpsychologe Sie individuell, zielorientiert und somit erfolgreich begleiten kann.

Ich freue mich, Sie auf die Reise mitzunehmen, und würde mich freuen, wenn Sie sich im Anschluss für eine Unterstützung entscheiden.

Sportliche Grüße, Ihre Renate Eichenberger
renate@eichenbergers.ch

INHALT

1. EINLEITUNG

Ein Sportpsychologe steigt schnaufend in ein Taxi. Der Taxifahrer: «Na, wohin soll es denn gehen?» Der Sportpsychologe: «Fahren Sie mich irgendwohin, ich werde überall gebraucht.» (Humor)

Wer einen Sportpsychologen fragen würde, was er zu diesem Witz meine, würde vermutlich die Antwort erhalten, dass es für ihn tatsächlich an jeder Ecke Arbeit gäbe. Sei es bei einem verzweifelten Hochleistungssportler, den eine Verletzung hindert, Wettkämpfe zu bestreiten; bei einem jungen talentierten Sportler, der schon über diverse Trainer für Technik, Taktik und Kondition sowie Physiotherapeuten und Ernährungsberater verfügt, allerdings immer wieder Probleme bekundet, Schule und Sport unter einen Hut zu bringen; bei Profimannschaften, deren Trainer bereits zahlreiche Finals auf Platz zwei beendet hat und bei einem erneuten Finaleinzug vor dem Spiel in die Kamera sagt, dass es nun einfach klappen müsse mit einem Sieg, ohne dass seine Körperhaltung wirklich davon überzeugt scheint, oder bei einem Tennisspieler, dem zwei Kommentatoren im Schweizer Fernsehen während eines Grand-Slam-Spiels viel Talent zuschreiben und kommentieren: «Der hat so viel Talent von den Schultern bis zu den Zehen, aber weiter oben (im Kopf) muss er noch ein paar Dinge lernen.»

Wer im Sport genau hinschaut und -hört, wird merken, dass es vielerorts im mentalen Bereich noch Optimierungspotenzial gäbe. Obschon in den letzten Jahren die Einsätze von Mentaltrainern wie auch Sportpsychologen zugenommen haben, gibt es noch vielerorts Vorurteile – ja vielleicht auch Ängste –, sich Unterstützung für die Psyche zu holen. «Ich lege mich doch nicht auf eine Couch!» — «Ich lasse doch nicht in mich hineinschauen.» — «Ich weiß schon, was für mich gut und richtig ist.» — «Ich bin doch nicht krank.» Das sind nur einige Aussagen, die im Zusammenhang mit Sportpsychologie immer wieder zu hören sind.

Doch warum gibt es immer noch solche Äußerungen gegenüber dieser Berufsgruppe? Warum herrschen diese Unsicherheiten vor? Wissen Sportler nicht, was sie von einer sportpsychologischen Unterstützung erwarten dürfen? Ist unklar, wie sich die (Zusammen-)Arbeit mit einem Sportpsychologen darstellt? Trainer zur Verbesserung der Technik oder der Kondition oder Physiotherapeuten zur Erhaltung oder Wiederherstellung der Bewegungs- oder Funktionsfähigkeit des Körpers werden doch auch zurate gezogen? Und in Amerika gehört das Aufsuchen eines Psychologen zu den gleichen Routinen wie der Besuch beim Friseur ...

Warum soll Letzteres nicht auch hier gelten? Ich lade Sie ein, sich ein Bild zu machen. Kommen Sie mit auf die Reise durch den Alltag eines Sportpsychologen, oder mit anderen Worten: Begleiten Sie mich bei meiner Arbeit. Nehmen Sie Platz und lassen sich inspirieren.

1.1. EINFÜHRUNG

Der Erfolg eines Sportlers ist der Ertrag, der Lohn aus vielen Trainingsstunden und der Verzicht auf so manches im Leben. Für den Erfolg und die damit verbundene Anerkennung versucht der Sportler, das Optimum aus seinem Körper rauszuholen, verbringt unzählige Stunden damit, Bewegungsabläufe zu trainieren, seine Technik zu verbessern, an seiner Kondition zu arbeiten, taktische Maßnahmen zu optimieren, die Erholung durch Massagen, Eisbäder und auf ihn abgestimmte Ernährung zu beschleunigen und sein Umfeld an seine Bedürfnisse anzupassen. Dafür setzt er auf die Unterstützung von diversen Spezialisten – Trainern, Physiotherapeuten, Ernährungsberatern, Managern u. v. m.

Genau die gleiche Aufmerksamkeit sollte auch der Psyche zuteilwerden. Das menschliche Gehirn ist immer involviert oder wie Baumann sagt: «Unser Körper kann ohne Gehirn nicht existieren und das Gehirn nicht ohne Körper. Zwischen den beiden besteht eine Wechselwirkung.» (Baumann, 2015, S. 237) Dabei wird das Gehirn unterschätzt, denn es kann meist viel mehr, als ihm zugetraut wird.

«Die Perfektionierung der biomechanischen Kenntnisse sportmotorischer Bewegungen und die wissenschaftliche Fundierung der Trainingsgestaltung aus medizinischer und biologischer Sicht haben offenkundig gemacht, dass eine entscheidende Leistungssteigerung in vielen Fällen nur noch durch die optimale Bereitstellung innerer, d. h. psychischer Leistungsbedingungen erreicht werden kann.» (Baumann, 2015, S. 71)

Daher liegt es auf der Hand, das Training des Kopfs / der Psyche ebenfalls in einen Sportleralltag zu integrieren.

Da dies – zumindest am Anfang – für viele Sportler eine Herausforderung darstellen kann und eine Veränderung des Verhaltens zur Folge haben wird, sollte auch hier auf eine entsprechende Fachperson zurückgegriffen werden — den Sportpsychologen.

1.2. ABGRENZUNG

An dieser Stelle soll auf drei Punkte aufmerksam gemacht werden:

Im Sinne der guten Lesbarkeit wird die männliche Schreibweise bei Worten wie Sportler, Trainer, Sportpsychologe, Kunde u. v. m. verwendet. Selbstverständlich sind hier alle Personengruppen gemeint.

In Kapitel 3 werden vier Formen des Sportes unterschieden. Ein Sportpsychologe kann selbstverständlich in allen Formen zurate gezogen werden und wertvolle Unterstützung bieten. Im Buch wird in erster Linie der Leistungs- und Hochleistungssport direkt angesprochen.

Die unter Kapitel 15 beschriebenen Unterstützungsmaßnahmen sind nicht abschließend. Die aufgeführten Methoden sollen einige Möglichkeiten und die Richtung einer möglichen Förderung aufzeigen. Hierzu gibt es zahlreiche weiterführende Literatur, z. B. aus dem gleichen Verlag von Kai Engbert «Mentales Training im Leistungssport».

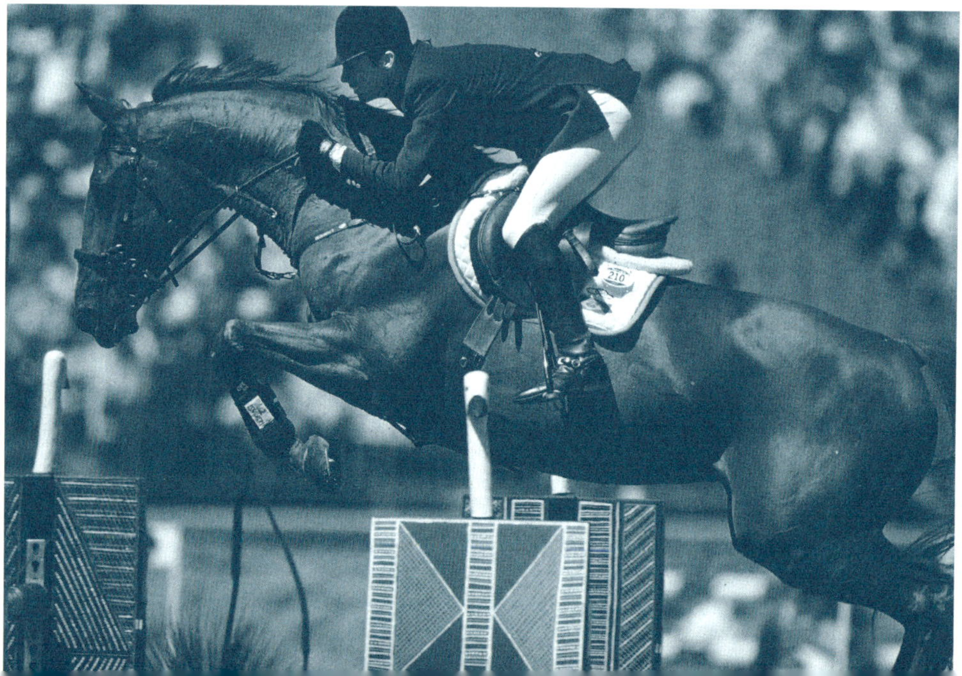

2. TRAINING → SPORT, PSYCHOLOGIE, SPORTPSYCHOLOGE UND WEITERE BEGRIFFE

Ohne Fleiß kein Preis! Jeder Sportler, der erfolgreich sein will, muss trainieren. Stundenlange harte Arbeit gehört zum Alltag. Um ein Training absolvieren zu können, braucht er Ziele, Zeit, die richtige Ausrüstung, ein Trainingsgelände, Trainer, Partner, die passende Ernährung, einen Physiotherapeuten und genügend Erholung, die er sich u. a. mit Schlaf oder Massagen gönnen kann. Analog dazu gibt es auch in der Arbeit mit einem Sportpsychologen verschiedene Punkte, auf die Wert gelegt werden sollte.

Bevor auf die eigentliche Zusammenarbeit ab Kapitel 5 eingegangen wird, werden – trainingshalber – ein paar Begriffe erklärt. Diese dienen im Folgenden als Grundlage für das Erreichen des Ziels dieses Buches – dem Verständnis, was die erfolgreiche Zusammenarbeit zwischen einem Sportler und einem Sportpsychologen auszeichnet.

In diesem Kapitel werden hierfür die Begriffe beschrieben, die direkt mit dem Sportpsychologen und dessen Arbeit in Zusammenhang stehen. Als Zusatztraining ist das nächste Kapitel zu verstehen. Dort finden sich interessante Ergänzungen.

2.1. TRAINING: DEFINITION PSYCHOLOGIE

Psychologie – ein Wort mit tausend Meinungen. Jeder hat eine Ahnung davon. Und dies zu Recht. «Wir alle sind fasziniert davon, Erklärungen für das menschliche Verhalten zu finden. ... Unser Wunsch danach, andere Menschen zu verstehen, ist so grundlegend, dass es sich bis in unsere Freizeit und unsere Hobbys hineinzieht.»

(Aronson, Wilson & Akert, 2004, S. 101) Mittels Alltagspsychologie erklären sich die Menschen das Verhalten ihrer Mitmenschen. Das hilft, sich im Alltag zurechtzufinden. (Asendorpf, 2007) Doch worin unterscheidet sich die Alltagspsychologie von der wissenschaftlichen Psychologie? Wer Psychologiefachbücher anschaut, wird immer lesen, die Psychologie sei die Wissenschaft vom Verhalten (Fremdbeobachtung) und Erleben (Selbstbeobachtung) des Menschen. (Gabler, Nitsch & Singer, 2004) Dieser Ansatz mag im Grundsatz stimmen, ist jedoch nicht abschließend zu betrachten. Während sich Entwicklungspsychologen mit den Unterschieden der physischen, kognitiven und sozialen Aufgaben in den verschiedenen Lebensabschnitten befassen, legt der klinische Psychologe seinen Fokus u. a. auf die Ursachen von psychischen Störungen und deren Behandlung und der Sportpsychologe wird sein Augenmerk auf den Sport legen. Das heißt, es gibt immer verschiedene und kontextabhängige Betrachtungsweisen.

Eines ist aber allen Psychologen gemeinsam. Sie befassen sich mit der Psyche des Menschen. Die Psyche ist die «Gesamtheit des menschlichen Fühlens, Empfindens und Denkens» (Duden). Umgangssprachlich bzw. alltagspsychologisch wird oft von Seele gesprochen.

Ein Psychologe untersucht die psychischen Vorgänge und bezieht dabei sowohl das Verhalten mit ein, das – auch für einen Alltagspsychologen – von außen sichtbar (beobachtbar) ist, aber auch dasjenige, das im Gehirn vorwiegend unbewusst abläuft.

Dabei wird das Verhalten durch Psychologen nicht nur beobachtet und erklärt, sondern auch beschrieben, überprüft und vorhergesagt. Und genau mit dieser Beschreibung, Erklärung, Vorhersage und am Ende Überprüfung unterscheidet sich die Alltagspsychologie von der wissenschaftlichen Psychologie.

Es ist eine der Aufgaben der Psychologie, die «blinden Flecken» der Menschen aufzudecken. Unter blinden Flecken werden in der Sozialpsychologie Teile verstanden, die Personen selbst nicht wahrnehmen, von außen aber beobachtet bzw. erfragt werden können. Freud spricht von Abwehrmechanismen, d. h., es geht um ungelöste Verdrängungen (Freud, 1912) oder anders ausgedrückt um Dinge, die sich im Unbewussten abspielen. Die unbewussten Prozesse haben – je nach Quelle – einen Anteil von ca. 95 % des menschlichen Denkens/Verhaltens. Auf diesen Teil kann mit den aktiven Gedanken nicht direkt zugegriffen werden, d. h., es erschließt sich uns nicht sofort. Das hilft uns im Alltag sehr. Müssten Menschen jede einzelne – noch so kleine – Handlung bewusst bedenken bzw. steuern, wären sie überfordert.

Als Beispiel ein Basketballspieler: Er rennt, dribbelt den Ball, orientiert sich, wohin er spielen kann, kommuniziert mit Mitspielern, und das alles gleichzeitig ... Alles bewusst zu tun, wäre pure Überforderung. Unbewusste Prozesse haben aber eine große Wirkung auf das eigene Tun. Durch intensive Gespräche wird in der Psychologie versucht, die tiefere Bedeutung der Gedankenwelt des Menschen zu ergründen und so Teile dieser unbewussten Prozesse greifbar zu machen. Denn genau in diesem Unbewussten versteckt sich vieles, was verändert – oder optimiert – werden kann, wenn es ins Bewusstsein dringt.

2.2. TRAINING: DEFINITION UND ENTWICKLUNG SPORTPSYCHOLOGIE

«Sportliche Aktivität ist weit mehr als nur biomechanischen Gesetzen unterworfene, zentralnervös gesteuerte Muskeltätigkeit, deren Leistung durch Herz-Kreislauffunktionen und Stoffwechselvorgänge limitiert ist. Sportliche Aktivität ist wesentlich psychisch reguliert und – über ihre Wirkungen – Psychisches regulierend. Wir bewegen uns im Sport nicht einfach, sondern wir tun dies zweckorientiert unter dem Einfluss unserer persönlichen Erfahrungen, subjektiven Situationseinschätzungen und Befindlichkeiten, mit besonderen Ansprüchen, Hoffnungen und Befürchtungen sowie auf der Grundlage von Strategien und Entscheidungen, die wir für zweckmäßig halten – und unsere Aktivität wirkt darauf wiederum zurück.» (Gabler et al., 2004, S. 11 f.)

«Warum bekomme ich bei wichtigen Fußballspielen immer Atemnot?» — «Wie funktioniert Gruppendruck?» — «Warum kann ich mich nicht immer an Informationen erinnern?» (Gerrig & Zimbardo, 2008, S. 19) Diese und ähnliche Fragen versuchen die Sportpsychologen zu beantworten. «Sportpsychologie ist die Wissenschaft vom Menschen und seinem Verhalten bei sportlicher und Bewegungs-Aktivität und die praktische Anwendung dieses Wissens.» (Weinberg & Gould, 2007, S. 4) Sie ist ein Teilgebiet der angewandten Psychologie und befasst sich mit den Problemen aus dem Handlungs- und Erlebnisfeld des Sports und behandelt diese mit den Methoden der wissenschaftlichen Psychologie – also dem Beschreiben, Erklären, Vorhersagen und Überprüfen. Dabei stehen die Bewegung wie auch die Entwicklung und Überprüfung verschiedener Trainingsansätze im Vordergrund. Ziel ist es, Personen bei der Ausübung der eigenmotorischen Aktivitäten zu Höchstleistungen zu verhelfen und sie für den Alltag weiterzuentwickeln. Hierfür werden Beziehungen zwischen Trainings- und Wettkampfsituationen und der Einfluss der Motivation, der Emotionen sowie des Umfelds / der Gesellschaft untersucht. Die Aussagen der Sportpsychologie basieren auf der Entwicklungs-, Persönlichkeits-, pädagogischen, sozialen und ergonomischen Psychologie. (Fröhlich, 1968)

Erstmals wurde der Begriff «psychologie du sport» (französischer Begriff für Sportpsychologie) 1900 von Pierre de Coubertin verwendet. Er gründete 1894 das Internationale Olympische Komitee und gilt als Begründer der Olympischen Spiele der Neuzeit. Die systematische Forschung begann ca. 1920 und dauert bis heute an. (Gabler et al., 2004)

Die Sportpsychologie findet ihren Ursprung jedoch nur zu einem Teil in der Psychologie. Die weiteren wichtigen Gebiete sind die Sportwissenschaft und die Sportpraxis. (Gabler et al., 2004)

2.3. TRAINING: DER SPORTPSYCHOLOGE

› Ein Sportpsychologe kennt sich also im Sport und der Psychologie aus und bringt die beiden Felder zusammen.

Ein guter Sportpsychologe – also einer, der einen wissenschaftlichen Background hat und sich durch eine klar nachvollziehbare Arbeitsweise ausweist – kümmert sich zusammen mit einem Sportler um Themen wie z. B. Leistungsentwicklung/ -steigerung, Umgang mit Nervosität, passende Zielsetzungen, bessere Konzentration, Umgang mit Erwartungsdruck, aktuelle Leistungsbeeinträchtigungen, Rehabilitation nach Sportverletzungen, Umgang mit dem Karriereende oder Unterstützung bei der Persönlichkeitsentwicklung (sollte immer Thema sein). Dafür wird gezielt auf die psychischen Kompetenzen des Sportlers eingegangen. Diese werden erfasst und durch regelmäßiges, systematisches Üben gestärkt – das benennt auch die Arbeitsgemeinschaft für Sportpsychologie in Deutschland (asp) so. Dabei wird die Unterstützung so aufgebaut, dass der Sportler motiviert ist und positive Effekte erzielen kann. (Alfermann & Stoll, 2012)

Es ist hervorzuheben, dass es sich um eine Zusammenarbeit handelt. Die Arbeit des Sportpsychologen liegt in der Analyse, dem Vorschlagen möglicher Interventionen, dem Überprüfen des Prozesses sowie der Erfolgskontrolle. Ein Sportler hat bei genannten Schritten immer Mitspracherecht, entscheidet und verantwortet mit und ist am Ende für die Umsetzung verantwortlich – er arbeitet mit!

Gemeinsam werden die generelle Zusammenarbeit sowie vor allem die Zielsetzung sowie die Interventionsmaßnahmen geplant und ausgeführt.

Ein guter Sportpsychologe bringt u. a. folgende Attribute mit:

- Er betreut jeden Sportler individuell, verhält sich neutral und wertfrei.
- Er hält immer das Wohl des Sportlers im Auge.
- Er kann gut kommunizieren.
- Wertschätzung und Respekt gegenüber dem Sportler sind für ihn selbstverständlich.
- Ein Sportpsychologe erkennt, ob ein Sportler genügend persönliche Ressourcen hat, wirklich etwas zu verändern.
- Er verfügt über ein kollaboratives Beratungsverständnis und weiß, dass die Zusammenarbeit zentral ist bzw. die Arbeit am Ende durch den Sportler getan werden muss – mit Unterstützung durch den Sportpsychologen.
- Er schafft eine vertrauensvolle Basis für die Zusammenarbeit und ist verschwiegen.
- Er nimmt den Sportler immer ernst.
- Er zeigt sich fürsorglich.
- Er ist offen und hört aufmerksam zu.
- Er verfügt über eine hohe emotionale Intelligenz und Empathie.
- Er sichert das Selbstwertgefühl des Sportlers und vermittelt ihm ein gutes Gefühl.
- Er ist immer authentisch und transparent. Dabei zeigt er seine Werte, Haltungen und Erfahrungen auf.
- Er klärt die Rollen aller Beteiligten.
- Er bezieht alle beteiligten Personen mit ein.
- Er weiß, wo er sich abzugrenzen hat.
- Er reflektiert sich, die Zusammenarbeit und seine Interventionsmaßnahmen.

- Er erkennt, wann ein Sportler aufgrund eines klinischen Krankheitsbildes in die Obhut eines Klinischen Psychologen oder Psychiaters gehört und gibt/weist ihn weiter.
- Er stellt sich immer wieder selber die Frage, wo seine Fähigkeiten liegen und ob er der Richtige für diese Aufgabe sei.
- Er ist intuitiv, neugierig, fragend und bereit, kontinuierlich zu lernen und sich zu verbessern.
- Er geht sowohl in die Tiefe als auch in die Breite.
- Er hat Interesse und Kenntnisse (bzw. eignet sich Kenntnisse an) in der Sportart des Sportlers.

Ein Sportpsychologe behält immer Distanz und übt sich in Zurückhaltung bei der Arbeit mit einem Sportler. Wer den Beruf des Sportpsychologen ausübt, weil er selber im Sport nie Höchstleistungen erbringen konnte, und so hofft, sich verwirklichen zu können – im schlechtesten Falle das Gefühl hat, so ins Rampenlicht zu gelangen –, ist am falschen Ort. Die sportpsychologische Arbeit geschieht im Hintergrund und setzt eine gewisse Bescheidenheit des Sportpsychologen voraus. Selbstverständlich darf auch ein Sportpsychologe Genugtuung verspüren, wenn der betreute Sportler sein Ziel erreicht. Dies geschieht aber nicht in der Öffentlichkeit.

Eine wichtige Voraussetzung für eine erfolgreiche Zusammenarbeit zwischen einem Sportler und seinem Sportpsychologen ist die gegenseitige Akzeptanz und das Vertrauen. Dabei gilt es zu beachten: «Akzeptiert wird man freiwillig. Man kann Akzeptanz nicht erzwingen.» (Meyer, 2011, S. 72) Ohne Akzeptanz und darüber aufgebautes Vertrauen wird die Zusammenarbeit nicht funktionieren.

Die Werkzeuge eines Sportpsychologen sind insbesondere das Zuhören und das Beobachten.

Jeder Sportpsychologe hält sich an die ethischen Grundsätze der «Ethical Principles of Psychologists and Code of Conduct» des weltweit größten Psychologen-Berufsverbandes der American Psychological Association (APA).

Die Arbeitsgemeinschaft für Sportpsychologie in Deutschland (asp) schreibt, dass ihre Mitglieder die Würde, Integrität, Selbstbestimmung sowie die Rechte anderer beachten und schützen. Dabei setzt die asp bei den Leitlinien für die Beratung und

Betreuung auf ein kompetentes, eigenverantwortliches, gewissenhaftes, aufrichtiges, loyales sowie kollegiales Verhalten eines Sportpsychologen.

Wenn ein Sportpsychologe von seiner betreuten Person spricht, redet er vom Sportler, Athleten, Kunden oder allenfalls Klienten. Er spricht nie von einem Patienten!

2.3.1. WIE FINDET EIN SPORTLER EINEN UND WENN MÖGLICH DEN RICHTIGEN SPORTPSYCHOLOGEN FÜR SEINE UNTERSTÜTZUNG?

❯ Sportpsychologen sind oft selbstständig und müssen ihre Leistungen verkaufen. Dazu braucht es neben den erwähnten Ausbildungen, Erfahrungen und den aufgezählten Attributen ein Marketingkonzept und ein Alleinstellungsmerkmal.

Marketing wird abgeleitet vom Wort «market» (englisch für «Markt» und «vermarkten») und will damit aussagen, dass Märkte «sowohl Bezugsobjekte als auch Zielobjekte sind» (Homburg, 2012, S. 2). So stellen die Märkte als Bezugsobjekte die Rahmenbedingungen (Einfluss vorhandener Kunden, Wettbewerber ...) dar und betonen als Zielobjekte, wie die Märkte gestaltet werden sollten, damit ein gezielter Markt mittels des Marketing-Mix beeinflusst werden kann. (Homburg, 2012) Marketing wird auch als «eine Strategie und eine unternehmerische Denkweise, die den Kunden (Markt) in den Mittelpunkt aller Überlegungen stellt, mit dem Ziel, Waren oder Dienstleistungen anzubieten und/oder zu vertreiben; Wissen, Einstellung und Verhalten von Personen (Marktpartnern) positiv zu beeinflussen oder zu verändern, um die Unternehmensziele ökonomisch sinnvoll und ökologisch vertretbar zu erreichen» (Krüger, 1995, S. 10) verstanden. Um die gesetzten Ziele mittels der definierten Strategien zu erreichen, braucht es sogenannte Hilfsinstrumente. Instrumente, die wie die Zutaten beim Backen eines Kuchens aufeinander abgestimmt werden müssen, damit am Ende das angestrebte Ergebnis erreicht werden kann. (Diller, 2007) Diese Marketinginstrumente werden Marketing-Mix genannt und umfassen die «4 Ps»: Product, Price, Placement und Promotion. (Meffert, et al., 2012)
Konkret heißt das, dass ein Sportpsychologe sich zuerst einmal im Klaren sein muss, was ihn auszeichnet, was seine Werte sind. Das wird oft in einer sogenannten Vision

festgehalten. Im Anschluss muss er sich überlegen, was er genau anbieten will, was zu ihm aufgrund der Werte passt, wer seine Konkurrenten sind, was diese anbieten und wie er sich von diesen Mitbewerbern unterscheiden kann bzw. will. Nachfolgend muss er sich überlegen, wen er mit seinem Angebot ansprechen kann. Er definiert also die Zielgruppe.

Erst dann kann sich ein Sportpsychologe auf dem Markt positionieren und sich z. B. auf eine Sportart spezialisieren und aufgrund gemachter Erfahrungen und Weiterbildungen darin ein Experte werden, oder er fokussiert sich beispielsweise auf ein Gebiet (z. B. Mentales Training). Sobald er für sich diese Klärungen gemacht hat, geht es um die Zielsetzung. Ziele sind der Motor. Nur wer sich selbst ein Ziel setzt, wird etwas erreichen und Erfolg haben – da unterscheidet sich der Sportpsychologe nicht vom Sportler. Ein Ziel kann lauten, in den ersten drei Monaten vier Kunden zu gewinnen. Im nächsten Schritt geht es dann darum, wie das Vorgehen aussehen soll, um dieses Ziel zu erreichen. Dieses Vorgehen nennt sich Strategie. Dabei geht es noch nicht um die Detailplanung, sondern um einen groben Plan. Es reicht zu notieren, dass die vier Kunden durch Mund-zu-Mund-Akquise erreicht werden sollen. Für die Umsetzung der Strategie wird dann der erwähnte Marketing-Mix, also die 4 Ps benötigt.

Product

Beim Sportpsychologen ist das Produkt eine Dienstleistung – die sportpsychologische Unterstützung, die sich durch das angesprochene Alleinstellungsmerkmal auszeichnet.

Price

Um auf dem Markt bestehen zu können, muss der Preis für die Dienstleistung festgelegt werden. Je nach Sportart, Verbandszugehörigkeit oder Art der Unterstützung (z. B. Betreuung bei Olympischen Spielen) empfiehlt es sich, bei den olympischen Verbänden des jeweiligen Landes nachzufragen. Swiss Olympic wie auch das Bundesamt für Sportwissenschaft in Deutschland haben klare Vorgaben, was und wie viel finanziert werden. Selbstverständlich gelten diese Preise nicht als fix. Denn je nach Erfolg, Verfügbarkeit und Erfahrung eines Sportpsychologen oder in welcher Sportart er sich bewegt, kann der Preis auch höher liegen. Die Dienstleistung hat einen Wert und ein Sportpsychologe sollte sich nicht unter Wert verkaufen. Wer etwas für eine Dienstleistung bezahlen muss, ist auch eher bereit, sich darauf einzulassen und somit etwas zu verändern – also zu arbeiten!

Placement

Jeder Sportpsychologe muss sich im Klaren sein, wo er seine Unterstützung anbietet. Grundsätzlich könnte der Gedanke entstehen, dass ein Sportpsychologe auf den Trainingsplatz des Sportlers gehört. Doch gibt es immer wieder Gespräche, die eines anderen Rahmens bedürfen. Dort ist zu klären – und das muss zuerst einmal der Sportpsychologe für sich selbst tun – wo ein solches Gespräch am besten geeignet ist. Ist es in den Räumen des Klubs oder besser nicht, da nicht jeder mitkriegen muss, mit wem gesprochen wird? Eignet sich eine spezielle Praxis oder allenfalls ein Café? Hierbei gilt es auch immer zu berücksichtigen, wer die Klienten sind und welche Themen sie mitbringen. Bei minderjährigen Sportlern kann es sinnvoll sein, einen öffentlichen Raum zu wählen, in dem es ruhig ist. So kann beispielsweise sichergestellt werden, dass sexuelle Übergriffe nicht zum Thema werden.

Promotion

Darunter wird die eigentliche Werbung verstanden. Natürlich ist die beste Werbung die Mund-zu-Mund-Propaganda. Doch oft reicht dies nicht. Daher muss sich der Sportpsychologe die Frage nach einer eigenen Website, Mitgliedschaften bei Verbänden, Flyern, Direktansprache von möglichen Kunden, Zusammenarbeit mit Ärzten, Physiotherapeuten u. v. m. stellen.

Je besser die 4 Ps ausgearbeitet sind, desto besser kann sich ein Sportpsychologe verkaufen und ein interessierter Sportler einen für ihn passenden Sportpsychologen finden.

Den Sportpsychologen sei geraten, neben fundierten sportpsychologischen Ausbildungen Zeit in die eigene Vermarktung zu investieren.

Sportlern ist zu empfehlen, u. U. Erstgespräche mit verschiedenen Sportpsychologen zu führen oder aufgrund von Empfehlungen zu agieren. Für die Zusammenarbeit ist es unabdingbar, dass sich der Sportler aufgehoben und verstanden fühlt. Selbstverständlich darf auch ein Sportpsychologe eine Zusammenarbeit ablehnen. Geschieht dies aus Sportpsychologen-Sicht regelmäßig, sind u. U. die 4 Ps zu überarbeiten.
An dieser Stelle soll auf die Sportpsychologen an sich kurz eingegangen werden: Ein Sportpsychologe muss lernen, sich abzugrenzen. Sportpsychologen geben ihre Expertise an einen Sportler oder eine Mannschaft weiter. So wird sich ein guter Sportpsychologe einbringen und u. U. ein Teil des Teams werden, das ist gut so. Doch am Ende muss der Sportler die Arbeit machen. Ein Sportpsychologe kann einen Sportler nur unterstützen, wenn er sich immer auch ein Stück außen vor hält und

die Situation möglichst objektiv betrachten kann. Hierzu braucht es Geduld. Der Sportler muss und wird den Weg gehen, wenn der Sportpsychologe ihn lässt.

Oft erzählen Sportpsychologen, sie hätten Schuldgefühle, wenn sie sich abgrenzen. Sie hätten das Gefühl, nicht mehr alles zu geben, oder fürchten, den Kontakt zu verlieren. Das ist Quatsch und diese Gefühle rauben Energie – Energie, die zur Unterstützung gebraucht wird!

Manchmal ist es auch so, dass der Sportpsychologe in einer Mannschaft mitarbeitet und als Wasserträger, Babysitter, Materialwart, Balljunge, Mädchen für alles agiert. Dies kann ganz hilfreich sein und ein Sportpsychologe sollte sich hierfür auch nicht zu schade sein, denn so ist er direkt am Geschehen, kann Dinge beobachten und allenfalls auch ansprechen. Zudem steht er nicht – gefühlt – unnütz herum. Allerdings sollte am Ende schon klar sein, und zwar jedem Beteiligten, welche Rolle der Sportpsychologe innehat.

Des Weiteren wird immer wieder diskutiert, ob bzw. inwieweit ein Sportpsychologe in der zu bearbeitenden Sportart Ahnung haben sollte. Da gehen die Meinungen auseinander. Grundlegende Kenntnisse braucht es auf jeden Fall, denn es ist nicht dasselbe, eine Kunstturnerin oder einen Fußballer zu unterstützen – dies aufgrund z. B. des Trainingsaufwandes, des Ruhms und des Geldes, aber auch der Anerkennung der Sportart wegen.

Am Ende ist es jedoch die Aufgabe des Sportpsychologen zu entscheiden, mit wie viel Wissen in einer Sportart er sich wohlfühlt, und der Sportler entscheidet, ob ihm das eingebrachte Wissen ausreicht. Dabei gilt es jederzeit zu berücksichtigen, welche Rolle der Sportpsychologe hat. Er ist der Trainer für die Psyche, nicht für den sportlichen Teil.

2.4. TRAINING: SPORTPSYCHOLOGE VERSUS KLINISCHER PSYCHOLOGE / PSYCHOTHERAPEUT

Ab und an drängt sich die Frage bei Sportlern auf, weshalb sie mit einem Sportpsychologen arbeiten sollen und nicht mit einem Klinischen Psychologen oder u. U. einem Psychotherapeuten. Da ist es wichtig, sich zu überlegen, um welches Thema es sich handelt. Fühlt sich der Sportler psychisch angeschlagen, träge oder es fehlt ihm die Freude am Leben, dann ist es vernünftig, einen Klinischen Psychologen oder Psychotherapeuten aufzusuchen. In so einem Falle würde auch ein Sportpsychologe den Sportler weiterweisen.

Oftmals geht es aber um rein sportliche Themen zur Veränderung/Weiterentwicklung des Sportlers. Und da fehlt einem Klinischen Psychologen vielfach die Erfahrung.

2.5. TRAINING: SPORTPSYCHOLOGE VERSUS MENTALTRAINER

Sportpsychologe oder Mentaltrainer? Oftmals werden diese beiden synonym verwendet. Der Unterschied liegt in der Ausbildung der beiden. Noch sind beide Abschlüsse nicht geschützt, was die Übersicht erschwert. Gemäß Meyer (2011, S. 20) ist daher die Entwicklung auf dem Markt bedenklich, denn immer mehr Personen, die nicht über ausreichende Kenntnisse verfügen, bieten ihre Unterstützung an.

Grundsätzlich ist es so, dass ein Sportpsychologe einen universitären Abschluss in Psychologie (fünf Jahre Studium in Psychologie) sowie «Basiskompetenzen im Bereich Sportwissenschaft und Psychologie, Expertisekompetenzen im Bereich des sportpsychologischen Trainings oder/und sportpsychologischen Coachings und den Nachweis über mindestens 100 Stunden sportpsychologischer Praxis im leistungsorientierten Sport unter Supervision» (asp) nachweisen muss. Verfügt jemand über einen Universitätsabschluss z. B. in Sportwissenschaften sowie über die genannten Kompetenzen, darf er sich «sportpsychologischer Experte» nennen.

Mentaltrainer darf sich im Grunde jeder nennen. Da gehen die Ausbildungen auch von Kursen bis hin zu mehrtägigen Lehrgängen. Es ist also für Sportler, Trainer, Vereine, Verbände, Schiedsrichter, Eltern oder Interessierte ratsam, sich vor der Kontaktaufnahme ein Bild über die Person zu machen – am besten durch Empfehlung oder Internet.

2.6. TRAINING: MYTHEN DER (SPORT-)PSYCHOLOGIE

Wie bereits eingangs geschildert, hören (Sport-)Psychologen immer wieder Aussagen wie: «Ich lege mich doch nicht auf eine Couch.» — «Ich lasse nicht in mich hineinschauen.» Obschon oder gerade weil die Alltagspsychologie allgegenwärtig ist, gibt es zahlreiche Mythen in Bezug auf Personen, die Psychologie als Beruf ausüben. Psychologen seien Hellseher, Astrologen, Feuerwehrmänner oder Ähnliches. Alles Irrtümer. Psychologen sind Wissenschaftler!

Kein Psychologe analysiert Personen einfach so bzw. kann in Menschen hineinschauen. Ein Psychologe lernt während seines Studiums Techniken, um Menschen Fragen zu stellen, sie beschreiben zu lassen, zu beobachten oder einen Fragebogen ausfüllen zu lassen und auszuwerten. Aufgrund seines erlernten Wissens und seiner Erfahrung kann er die gesammelten Informationen auswerten und ist dann in der Lage, die angesprochenen blinden Flecken zu erkennen, Zusammenhänge/Muster zu sehen und Rückschlüsse zu ziehen, die dem Sportler helfen können, Verhaltensveränderungen anzustoßen, sodass dieser sich besser fühlt oder entwickelt. Ein guter Psychologe wird erklären können, warum diese oder eine andere Veränderung hilfreich sein kann und weshalb und wie diese erreicht werden kann. Doch ist auch ein Psychologe «nur» ein Mensch und seine Alltagspsychologie wird immer auch mit einfließen. Es ist aber seine Aufgabe, dies zu erkennen und sich entsprechend professionell zu verhalten. Allerdings ist ein Psychologe kein allwissendender Problemlöser und schon gar kein Magier.

Beim Sportpsychologen muss sich niemand auf eine Couch legen und auch keine Lebensbeichte ablegen. (asp) Psychologische Gespräche können im Sitzen bei einer Tasse Kaffee, bei einem Spaziergang, am (Video-)Telefon u. v. m. geführt werden. Die Atmosphäre ist dabei entspannt.

Grundsätzlich sind Psychologen nicht nur Angestellte im Gesundheitswesen. Natürlich gibt es welche, die in diesem Bereich arbeiten. Psychologen finden sich aber z. B. auch in der Forschung, beim Rekrutieren von Personen in Firmen, in der Wirtschaft oder eben im Sport.

Psychologen sind keine Ärzte. Sie haben nicht Medizin studiert.

Psychologen reden nicht wie Ärzte und werden Informationen für jedermann verständlich und anschaulich wiedergeben (wobei auch ein guter Arzt auf seine Patienten eingehen und in einfachen Worten Erklärungen abgeben wird).

Psychologen werden die ihnen gegebenen Informationen vertraulich behandeln. So wird ein Sportpsychologe nicht einfach den Trainer über die Zusammenarbeit mit dem Sportler oder gar über Inhalte informieren.

2.7. TRAINING: SPORTPSYCHOLOGISCHE BETREUUNG

› In Zusammenhang mit der Unterstützung eines Sportpsychologen ist von sportpsychologischer Beratung, von sportpsychologischem Training oder von sportpsychologischer Betreuung die Rede. Gemäß Brand (2010, S. 37) sind die drei Arten wie folgt zu unterscheiden:

Beratung
Bei der Beratung nimmt der Sportpsychologe während kurzer Zeit mittels fachlich fundiertem Wissen Einfluss auf die Persönlichkeitsentwicklung oder die Verbesserung des Wohlbefindens des Sportlers. Dabei sind der Betreuungsgrund, die Zeit, die Frequenz, der Ort sowie die durch die Einflussnahme zu erreichenden Ziele klar definiert. Beispielsweise Planung zur Erreichung der Limite (Qualifikationskriterien) für die nächsten Olympischen Spiele.
Training
Unter Training wird ein Prozess verstanden, in dem systematisch psychische Fertigkeiten erlernt bzw. geübt werden, um die Leistungsfähigkeit eines Sportlers zu steigern. Beispielsweise Mentales Training.
Betreuung
In der Betreuung laufen die Beratung und das Training zusammen, wobei die Unterstützung des Sportlers über einen längeren Zeitraum geschieht.

Obschon die Unterscheidung gemacht werden kann, werden die Worte Betreuung und Training in der Praxis oft vermischt. Daher empfiehlt es sich immer zu klären, wovon gesprochen wird.

Die Betreuungsmöglichkeiten von Sportlern gestalten sich vielseitig. Im Folgenden sind einige Möglichkeiten des Bundesamtes für Sportwissenschaft (BISp), von Baumann (2015) und Brand (2010) zusammengetragen:

- Leistungsentwicklung: Optimierung der psychischen Leistungsvoraussetzungen zum Abruf der Leistungspotenziale in Trainings- und Wettkampfsituationen
- Aktuelle Leistungsbeeinträchtigung: Erkennen und Reduzieren von beeinträchtigenden Faktoren sowie die Wiederherstellung der sportlichen Leistungsfähigkeit
- Unterstützung bei der Persönlichkeitsentwicklung
- Unterstützung in der Rehabilitation bei Sportverletzungen
- Erhaltung und Wiederherstellung psychischer Gesundheit
- Optimierung individueller Handlungskompetenz
- Optimierung der Beziehungen der Sporttreibenden untereinander und zu ihrem sozialen Umfeld
- Optimierung der Organisationsstrukturen und -abläufe im Sport
- Umgang mit dem Karriereende
- Mentales Training

Was hier erwähnt wurde, sind alles Punkte, die mit dem Sport in Verbindung stehen. Die Praxis zeigt aber, dass der Sportpsychologe oft auch zurate gezogen wird, wenn ein Sportler z. B. mit schulischen Schwierigkeiten (oft begründet in der Priorisierung auf den Sport) oder bei familiären Herausforderungen, z. B. Trennung der Eltern, zu kämpfen hat.

Es ist durchaus auch möglich, dass Sportler, die psychisch angeschlagen sind, sich an einen Sportpsychologen wenden. In diesem Falle ist es die Aufgabe der Sportpsychologen, dies zu erkennen. Für die Erkennung klinischer Auffälligkeiten wird er in seinem Studium ausgebildet. Er ist aber nicht ausgebildet, diese zu behandeln. Das heißt, es ist seine Pflicht, dem Sportler aufzuzeigen, dass er in einem solchen Falle die falsche Ansprechperson ist. Er sollte dem Sportler Unterstützung an die Hand geben, wohin er sich wenden soll und kann. Ein erfahrener Sportpsychologe wird über ein entsprechendes Netzwerk verfügen. Die Schwierigkeit bei solchen

Fällen liegt darin, dass am Ende der Sportler selbst erkennen/einsehen muss, dass er weiterführende Unterstützung benötigt und den Schritt zu einer solchen Behandlung tun muss. Das führt immer wieder zu Diskussionen zwischen Sportpsychologen und Ärzten/Psychiatern, die das Gefühl haben, Sportpsychologen würden zu lange warten mit der «Weiterleitung».

2.8. TRAINING: SPORTPSYCHOLOGISCHE INTERVENTION

Sobald ein Sportpsychologe mit einem Sportler spricht, geschieht eigentlich bereits eine Intervention. Und zwar deshalb, da ein Sportpsychologe aufgrund seiner Ausbildung Fragen stellen wird, die den Sportler zum Nachdenken/Reflektieren anregen werden.

Grundsätzlich gibt es u. a. aber folgende Interventionsformen (in Anlehnung an Hänsel et al., 2016):

- Einzelcoaching
- Teambildung
- Mentales Training
- Wahrnehmungstraining
- Entspannungsmethoden
- Motivationstraining
- Zielsetzungstraining
- Kommunikationstraining
- Workshops

Die Interventionen werden entsprechend den gesetzten Zielen ausgewählt und im Anschluss eingeübt. Keine der genannten Interventionsformen wird ohne Training umzusetzen sein, da es sich um einen Veränderungsprozess handelt. Dem ist unbedingt Rechnung zu tragen. Es ist auch möglich, dass ein Sportler auf die eine oder andere Interventionsform nicht anspricht. Es ist Aufgabe des Sportpsychologen, hier Alternativen zu bieten. Nur wenn sich jemand mit einer Aufgabe/Übung identifizieren kann, wird er sie auch versuchen umzusetzen.

2.9. TRAINING: KUNDEN DES SPORTPSYCHOLOGEN

Die Kunden eines Sportpsychologen können Einzelsportler, Mannschaften, Trainer, Vereine, Verbände, Schiedsrichter oder auch Eltern sein.

2.9.1. EINZELSPORTLER

Zu erklären, was ein Einzelsportler ist, gleicht vermutlich dem Sprichwort «Wasser ins Meer tragen», oder doch nicht? Auf alle Fälle wird der Vollständigkeit halber hier dennoch darauf eingegangen.

Jeder Sportler ist ein Einzelsportler. Bei einer Mannschaft kommen im Grunde genommen viele Einzelsportler zusammen und daraus werden dann Mannschaftssportler. Somit wird klar, dass Einzelsportler nicht nur diejenigen sind, die eine Sportart ausüben, bei der sie in einem Wettkampf auf sich alleine gestellt sind.

Bei einer sportpsychologischen Unterstützung kann es daher durchaus sein, dass ein einzelner Mannschaftssportler eine Herausforderung hat, die es zu lösen gilt.

Zudem sind auch die «traditionellen» Einzelsportler wie beispielsweise ein Tennisspieler immer in ein Team integriert. Zu diesem gehören neben dem Spieler selbst z. B. der Trainer und der Physiotherapeut.

Grundsätzlich unterscheiden sich Einzelsportler aufgrund folgender Merkmale (Meyer, 2011, S. 16):

- individuelle Entwicklung
- Auswahl der Sportart
- Interessen
- motorische Fähigkeiten
- Leistungsbereitschaft
- Leistungsniveau (Anfänger, Fortgeschrittener, Amateur, Profi)
- Alter
- Talent

Von größter Bedeutung ist die Identität des Sportlers. Gemäß Baumann (2015) ist es wichtig, dass sich ein Sportler nicht nur über den Sport definiert, sondern auch noch ein Leben außerhalb kennt. Die Identität kommt durch die Auseinandersetzung mit der Umwelt / der gesellschaftlichen Einflüsse und sich selber zustande. «Bei gelungener Identitätsentfaltung wird der Mensch trotz seiner Einzigartigkeit nicht durch Isolierung aus dem Beziehungsnetz zu anderen ausgeschlossen. Andererseits lässt er sich aber auch nicht total an die für ihn bereitgehaltenen sozialen Erwartungen anpassen.» (Baumann, 2015, S. 20) Seine eigene Identität zeichnet einen Einzelsportler aus. Bei Sportarten wie dem Kunstturnen, wo früh mit dem Training begonnen werden muss, ist ein ganz besonderes Augenmerk auf die Identität zu legen. Es darf nicht sein, dass am Ende einer Karriere die Aussage kommt: «Ich habe keine Ahnung, wer ich bin, ich habe mich nur über das Kunstturnen definiert.»

Hierzu ist es als Sportpsychologe wichtig – neben dem erwähnten Verständnis der jeweiligen Sportart – auch entwicklungspsychologische Kenntnisse zu haben. Als Beispiel: In welchen Entwicklungsstufen wird die Identität besonders stark ausgeprägt? Dies ist z. B. in der Pubertät der Fall.

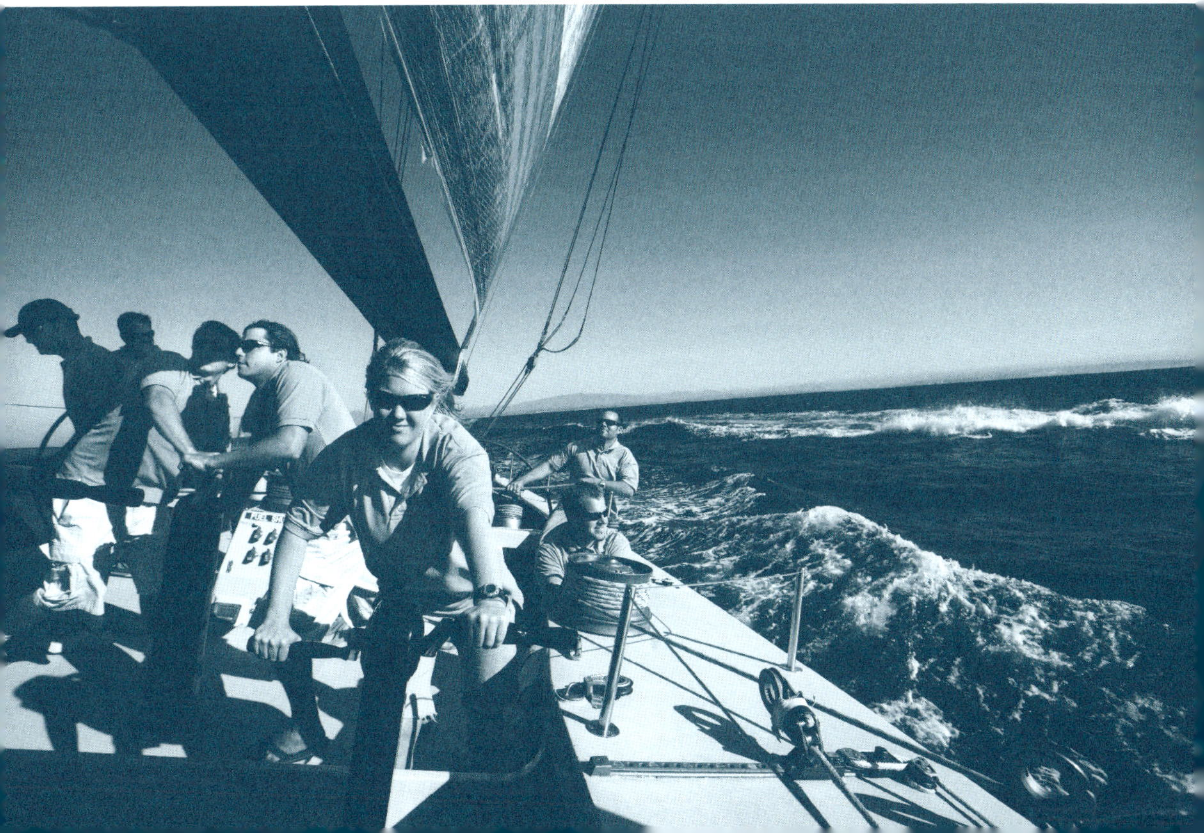

2.9.2. MANNSCHAFTEN

Mannschaften sind Gruppen oder Teams oder anders ausgedrückt «zwei oder mehr Menschen, die miteinander interagieren und in dem Sinne interdependent sind, dass ihre Bedürfnisse und Ziel eine gegenseitige Beeinflussung bewirken» (Aronson et al., 2004, S. 320). Doch wenn nun elf Fußballspieler auf einem Platz elf Positionen einnehmen, reicht das noch nicht, um von einer Mannschaft zu reden. (Baumann, 2015) Es kann auf der anderen Seite auch von einer Mannschaft gesprochen werden, wenn keine sportliche Interaktion (vgl. weiter unten) erfolgt (beispielsweise bei Skirennläufern).

Wesentliche Voraussetzungen für ein Team sind laut Aronson, Wilson & Akert (2004) und Baumann (2015) folgende Faktoren:

Soziale Einheit
Darunter wird verstanden, dass sich eine Mannschaft klar von anderen Gruppen unterscheidet. Hierfür braucht eine erfolgreiche Mannschaft eine gewisse Homogenität, eine gemeinsame Identität sowie gemeinsame Motive und Ziele. Der Mannschaftsname ist für die Zusammengehörigkeit oft von großer Bedeutung.
Interaktion
Die Mitglieder einer Mannschaft stehen in einer Verbindung zueinander. Diese kann während (z. B. beim Fußballspiel) oder außerhalb (beispielsweise bei Skirennläufern) des Sportes eine Rolle spielen. Meistens finden sich Interaktionen, die sowohl während als auch nach dem Sport erfolgen (z. B. Fußballmannschaft).
Mitgliederzahl
Für ein Team sind mindestens zwei Mitglieder erforderlich. Nach oben sind grundsätzlich keine Grenzen gesetzt, allerdings werden die Interaktion bei großen Gruppen und der Teamcharakter schwieriger. Da gilt es, ab und zu auch mit Teilgruppen zu arbeiten und diese dann zusammenzubringen.
Normen
In jeder Mannschaft herrschen Regeln (oft auch stillschweigende), die vom einzelnen Mitglied erfüllt werden müssen, damit es im Team aufgenommen und akzeptiert wird.
Rollen(-verteilung)
Jedes Mannschaftsmitglied hat eine bestimmte Aufgabe – die nicht (nur) der Funktion auf dem Spielfeld entspricht – und nimmt aufgrund seiner Kenntnisse und

Erfahrungen eine bestimmte Position ein. Es ist für eine erfolgreiche Mannschaft von großer Wichtigkeit, dass diese Positionen für jedermann klar definiert sind und die einzelnen Mitglieder wissen, was von ihnen in der jeweiligen Position (Rolle) erwartet wird. Als Beispiel hat ein Trainer eine andere Rolle in der Mannschaft als der Kapitän. Zudem gibt es im Team außerhalb des Spielfeldes z. B. oft auch Teammitglieder, die als Mitläufer bezeichnet werden, da sie sich nicht einbringen. Oder der «Clown», der für die gute Stimmung und die Musik im Mannschaftsbus verantwortlich ist. Je klarer die Rollenverteilung ist, desto größer ist das Verständnis für einzelne Entscheidungen, d. h., es kommt zu weniger Konflikten, das Vertrauen ist größer und die soziale Bindung wie auch die Zuneigung – somit das Wir-Gefühl – werden stärker.

Ziel

Die wichtigste Rahmenbedingung für den Erfolg einer Mannschaft sind gemeinsame Ziele, die von der ganzen Mannschaft getragen werden. Hat ein Mitglied ein anderes Ziel vor Augen, dies kann auch aufgrund unterschiedlichen Verständnisses sein, kann dies zu Unstimmigkeiten bis hin zum Zerfall der Mannschaft führen.

Je nachdem, wie eine Gruppe zusammengesetzt ist, kann dies einen unmittelbaren Einfluss auf die Leistung haben. (Brand, 2010) Daher werden drei Mannschaftstypen unterteilt (Baumann, 2015) (die erwähnten Sportarten sind als Beispiele zu verstehen):

Formelle Interaktion

Diese findet sich im Fußball vor. Die Mannschaft besteht aus mehreren Einzelmitgliedern. Jedem Mitglied wird eine Funktion zuteil. Aufgrund der Anzahl der Mitglieder finden sich auch fixe Aufgaben für schwächere Akteure.

Addition

In einem Tennisdoppel kommt diese Art von Mannschaft zum Zuge. Die spielerische Leistung jedes Einzelnen ist sichtbar und ein wichtiger Beitrag für das ganze Team.

Summation

Beim Rudern ist diese Mannschaftsform vorherrschend. Das heißt, die Koordination und die Summe der Kräfte aller Mannschaftsteilnehmer haben Auswirkung auf die Leistung.

Je besser die Sportler in den einzelnen Mannschaftstypen miteinander harmonieren, desto erfolgreicher werden sie sein.

Bei Teams spielen noch weitere psychologische Aspekte eine zentrale Rolle. Hier eine Auswahl davon (Aronson et al., 2004):

Gruppenentscheidungen
Vielfach wird davon ausgegangen, dass Gruppenentscheidungen die beste Lösung darstellen, da mehr Wissen eingebracht wird durch die Sportler. Doch es gibt Momente, da sind Gruppenentscheidungen hinderlich, ganz nach dem Motto: «Zu viele Köche verderben den Brei.» Je besser sich die Teammitglieder kennen, desto besser werden sie wissen, welches Mitglied in welcher Situation die meiste Erfahrung, das kompetenteste Wissen oder die beste Übersicht hat. So ist es z. B. bei (wichtigen) Fußballspielen im Elfmeterschießen sinnvoll, eine Person den ersten Penalty schießen zu lassen, die mit dem Druck umgehen kann und Erfahrung im Elfmeterschießen hat.
Gruppenpolarisierung
Bei Gruppenentscheidungen kann es vorkommen, dass eine Entscheidung viel extremer, d. h. risikoreicher ausfällt, als der Einzelne entschieden hätte. So kann es z. B. sein, dass ein Lasersegler (Einmannschiff) weniger hart an den Wind gehen wird, aus Angst zu kentern, als die Mitglieder eines 420er-Schiffes (Zweimannschiff), die sich gemeinsam dafür entscheiden, das Risiko einzugehen.
Gruppenkonflikte
Konflikte gehören in jeder Mannschaft dazu und haben auch positive Aspekte. So wird das Vertrauen untereinander gestärkt, wenn es gelingt, Unstimmigkeiten zu lösen. Doch es kann vorkommen, dass die Lösung für einen Sportler von Vorteil ist. Übernehmen die anderen diese Lösung auch, kann es negative Auswirkungen für alle haben. Das heißt, Konflikte müssen von allen als gelöst angenommen und so auch ausgesprochen werden.
Soziale Erleichterung
Es kann vorkommen, dass ein Mannschaftsmitglied bei einer einfachen Aufgabe sehr gute Leistungen erzielt, werden die Aufgaben komplexer und die Mannschaftskollegen schauen zu, kommt es zu Fehlern. Das heißt, der Sportler hat Angst, von den Kollegen beurteilt zu werden bzw. ist besorgt darüber, was sie von ihm denken. Dies ist beispielsweise im Basketball bei Freiwürfen immer mal wieder zu beobachten.
Soziales Faulenzen
Ist genau das Gegenteil der sozialen Erleichterung. Das heißt, der einzelne Sportler erbringt die bessere Leistung bei einer komplexeren Aufgabe. Er geht dabei davon aus, dass die anderen Mannschaftsmitglieder seine Leistung nicht individuell beurteilen können, und wächst somit über sich hinaus. Als Beispiel ein junger Spieler,

der das erste Mal in einem Fußballspiel eingesetzt wird, einen Elfmeter bekommt und diesen in überzeugender Manier versenkt.

Wie erwähnt, entsteht eine Mannschaft nur, wenn Sportler miteinander agieren und gemeinsam auf ein Ziel hinarbeiten. Hierfür muss sich ein Team erst formen. Dabei durchlaufen die Mitglieder einen Prozess. Dieser besteht nach dem linearen Modell aus verschiedenen Phasen:

Forming
Diese Phase dient dem Kennenlernen, um sich einen generellen Überblick zu verschaffen und Verständnis über Rollen, Aufgaben etc. zu erlangen.
Storming
Unterschiedlichkeiten und Uneinigkeiten z. B. hinsichtlich der Rollen oder des Aufgabenverständnisses treten zutage. Es kommt zu Konflikten.
Norming
Die Teammitglieder haben sich auf gemeinsame Rollen, Ziele, Verhaltensweisen geeinigt.
Performing
Alle Teammitglieder arbeiten gemeinsam für das gesetzte Ziel. Die Zusammenarbeit bereitet Freude und macht Spaß und entsprechend folgen Erfolge.
Adjourning
Die Auflösung des Teams. Ein Verlassen mit entsprechenden Gefühlen findet statt.

Es ist wichtig, dass eine Mannschaft alle fünf Phasen durchläuft. Das bedeutet, ein Team, das in der Stormingphase versucht, Konflikte zu vermeiden bzw. unter den Tisch zu kehren, wird diese Phase nie los und wird somit nie in der Perfomingphase ankommen und Erfolg haben können.

Neben dem linearen Modell ist oftmals auch vom «Life-Circle-Modell» die Rede. Hier heißen die einzelnen Phasen: Orientierung, Machtkampf und Kontrolle, Nähe und Vertrauen, Differenzierung und Trennung. (Hänsel & al., 2016) Am Ende geht es um das Gleiche wie beim linearen Modell.

Zu einem Team, einer Mannschaft gehören der Trainer und allfällige Co-Trainer ebenfalls dazu. Sportpsychologen dagegen nicht zwingend, d. h., das sollte im Vorfeld abgestimmt und gut überlegt werden.

Wie gerade erwähnt, gehört zu einer (erfolgreichen) Mannschaft meist ein Trainer oder Coach dazu. Die Aufgabe des Trainers ist es, die einzelnen Sportler so gut zu kennen, dass er deren Leistungspotenzial aktivieren kann. (Baumann, 2015) «Dies gelingt unter der Voraussetzung, dass er die Individualität der einzelnen Spieler bei seinen Verhaltensweisen und Maßnahmen berücksichtigt.» (Baumann, 2015, S. 383) Nur so kann das gesteckte Ziel erreicht werden.

2.9.3. TRAINER/COACH

Das Wort Trainer stammt aus dem englischen «to train» und bedeutet im Deutschen «ausbilden». Das heißt, ein Trainer hat die Aufgabe, Einzelsportler oder ganze Mannschaften in der entsprechenden Sportart auszubilden. Dazu gehören neben den Bewegungsabläufen bzw. der Technik auch taktische Informationen. Eine gute Trainerführung zeichnet sich dadurch aus, dass der Trainer ein großes fachliches und organisatorisches Wissen im entsprechenden Sport aufweist und dies mit dem Ziel der Leistungsoptimierung einsetzt. Zudem kann er auf seine Schützlinge eingehen, nimmt sie ernst, trägt Sorge um deren Wohlergehen (Brand, 2010) und arbeitet mit ihnen auf Ziele hin.

«Lob und Anerkennung guter Leistungen» (Brand, 2010, S. 102) gehören ebenfalls zur Basis einer guten Trainerarbeit wie das Anbringen von konstruktiver Kritik. Die beste Kritik ist hier bzw. die beste Weiterentwicklung von Sportlern geschieht, wenn ein Trainer seinem Schützling / seinen Schützlingen die «Fehler» aufzeigt und mit ihm/ihnen gleich mögliche Lösungs-/Umsetzungsmöglichkeiten entwickelt. Dies abwechselnd als Vorgabe als auch als Selbstreflexion durch den/die Sportler. Hierbei ist es wichtig, dass ein Trainer die Spieler kennt.

So sind z. B. Sportler aus der Generation Y (ca. 1980 bis 1995) anders im Umgang als Sportler aus der Generation Z (ca. 1996 bis 2012). Letztere zeichnen sich u. a. durch Social Media aus – «sie leben nicht mit, sondern im Internet» (Aussage aus einer Reportage über die Generation Z bei Galileo). Dadurch wollen bzw. müssen sie anderen immer gefallen – Fotos, Filme, Posts, die sie im positiven Licht darstellen. Zudem glaubt die Generation Z viel weniger an Perfektion. Sie nimmt Dinge gelassener, und das zeigt sich auch im Sport / im Training und kann so manch einen Trainer aus einer anderen Generation zum Verzweifeln bringen.

Trainer lassen sich von ihrem Verhalten her grundsätzlich in drei Arten unterteilen (Brand, 2010 und Hänsel et al., 2016):

Demokratisches Verhalten
Der Trainer bezieht die Sportler in Entscheidungsprozesse mit ein und agiert über Hilfen statt Strafen.
Autokratisches Verhalten
Der Trainer unterstreicht seine Autorität und Entscheidungsbefugnis und bestraft bei Ungehorsam.
Laisser-faire
Der Trainer lässt viele Freiheiten zu und greift weder mit Strafen noch mit Hilfe ins Geschehen ein.

Gute Trainer haben immer den Sportler im Fokus, heben sich von anderen ab, lassen sich begeistern und begeistern selber, denken voraus, sind innovativ, entwickeln sich und die Sportler weiter und geben die Ziele nicht einfach nur vor, sondern sprechen sie mit den Sportlern ab. (Neuberger, 2002 und Doppler & Lauterburg, 2002)

Die Erwartungen, die an Trainer gestellt werden, sind groß, und dies nicht nur von Seiten der Sportler, sondern auch von deren Eltern, Zuschauern, Vereinsverantwortlichen u. v. m. «Trainer werden als Ursache für Unzufriedenheit genannt und für das Nachlassen der Leistung verantwortlich gemacht.» (Alfermann & Stoll, 2012, S. 215)

Zudem ist es wichtig, als Trainer immer eine gewisse Distanz zu den Akteuren zu wahren, denn eine zu enge Bindung kann der Arbeit schaden. (Aronson et al., 2004)

Wer als Trainer arbeitet, ist eine Schlüsselfigur, wird nicht selten als Mutter- oder Vaterersatz gesehen, ist auf jeden Fall eine Vertrauensperson für den Sportler und braucht die Fähigkeit, mit negativer Kritik umzugehen. Daher ist für Trainer die Unterstützung durch einen Sportpsychologen aus zweierlei Hinsicht zu empfehlen. Zum einen bekommt sein Athlet die individuelle mentale Unterstützung und der Trainer braucht sich nicht auch noch darum zu kümmern (oft fehlen ihm hierfür auch die benötigten Qualifikationen), zum anderen kann ein Sportpsychologe den Trainer persönlich – z. B. im Umgang mit Kritik, bei der persönlichen Weiterentwicklung etc. – unterstützen. Die beiden Unterstützungsmöglichkeiten – für den Sportler bzw. für den Trainer – sind nicht zu vermischen und von sportpsychologischer

Seite als unterschiedliche Aufträge zu sehen. Und es gilt einmal mehr: Was der Sportler dem Sportpsychologen sagt, behandelt der Sportpsychologe vertraulich, und was der Trainer dem Sportpsychologen anvertraut, bleibt beim Sportpsychologen. Dies kann durchaus beim Sportpsychologen auch mal zur «Problematik» führen, dass er eigentlich mit ganz einfachen Mitteln die eine oder andere oder die gemeinsame Herausforderung des Sportlers / des Trainers lösen könnte. Der Sportpsychologe kann darauf so weit Einfluss nehmen, dass keine der anderen Parteien realisiert, dass der Einfluss aufgrund der Aussage der anderen Partei zustande kam. Ansonsten sind ihm die Hände gebunden und es ist seine Aufgabe, jedem Einzelnen die bestmögliche Unterstützung zuteilwerden zu lassen oder die einzelnen Parteien darauf hinzuweisen, vorzubereiten, zu begleiten, dass sie miteinander reden.

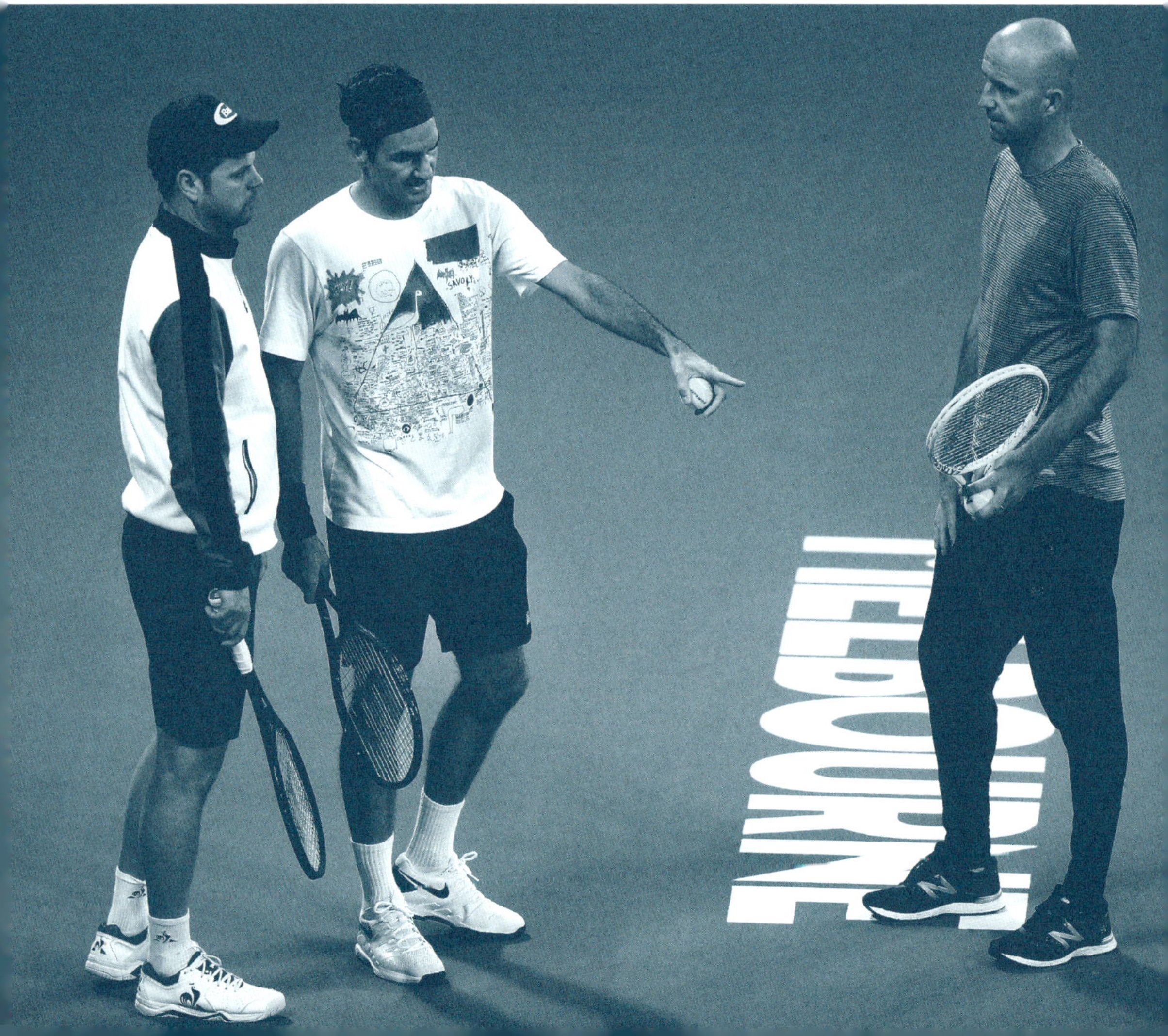

2.9.4. VEREINE

Es kann auch vorkommen, dass ein Verein den Sportpsychologen engagiert. Dort muss die Auftragsklärung sorgfältig erfolgen. Wofür ist der Sportpsychologe genau zuständig? Wie wird zwischen den Verantwortlichen und dem Sportpsychologen kommuniziert? Hierzu muss sich ein Sportpsychologe im Vorfeld Gedanken machen, was für ihn denkbar ist und wo er sich abgrenzen will. Das kann sowohl mit Sportlern, Teams als auch – je nach Ausbildung – im operativen Geschäft eines Vereines der Fall sein. Oftmals hätten Verantwortliche natürlich gerne Informationen über Sportler. Da muss eine klare Sprachregelung gefunden werden.

Zudem sollte geklärt werden, wie die Absprache mit Eltern läuft, wenn der Sportpsychologe mit Kindern und Jugendlichen im Verein arbeitet. Wer holt die Einverständniserklärungen ein?

2.9.5. VERBÄNDE

Auch Verbände können Sportpsychologen engagieren. Sei es direkt für die Betreuung ihrer Sportler – z. B. für die Begleitung bei einem Großanlass. Aber beispielsweise auch für Aus- und Weiterbildungen / Workshops für Trainer, Schiedsrichter, Vereinsverantwortliche etc.

Gemäß dem Deutschen Olympischen Sportbund (DOSB) haben «sich in vielen Verbänden mittlerweile Verbandslösungen in der Sportpsychologie entwickelt. Das heißt, in einem Spitzenverband arbeiten mehrere Sportpsychologen mit den Nationalmannschaften ... zusammen.» (DOSB)

Auch hier gilt es, den Auftrag sorgfältig zu planen und die Regelung bezüglich Kommunikation zu klären.

2.9.6. SCHIEDSRICHTER

Schiedsrichter, dazu gehören auch Wettkampfrichter, Kampfrichter etc., können neben der Aus- und Weiterbildung durch den Verband auch persönlich Unterstützung bei einem Sportpsychologen in Anspruch nehmen. Ähnlich wie der Trainer sind auch sie unzähligen Einflüssen ausgesetzt – Spieler, Trainer, Zuschauer, Verband, Medien etc. Und nicht selten wird der Schiedsrichter als «Schuldiger» für ein missglücktes Spiel oder einen Misserfolg in einem Wettkampf durch Sportler zumindest mitverantwortlich gemacht. Damit einen Umgang zu erlernen oder auch einfach einmal über diese Belastung – die oftmals neben einem normalen Beruf und Familie auf sich genommen wird – zu reden, dafür ist der Sportpsychologe genauso geeignet wie für Unterstützung für die Ausführung der eigentlichen Referee-Tätigkeit z. B. hinsichtlich der Kommunikation mit Spielern oder Trainern, aber auch für die persönliche Weiterentwicklung. Diese Form der Zusammenarbeit geschieht oft als Einzelcoaching.

2.9.7. ELTERN

Dass unter Kunden des Sportpsychologen die Eltern erwähnt werden, mag seltsam anmuten. Doch Sportpsychologen haben nicht selten mit Kindern und vor allem Leistungssportlern im Jugendalter zu tun. Und dort sind die Eltern aufgrund der Minderjährigkeit der Schützlinge schon von Gesetzes wegen involviert. Die Eltern bezahlen zum einen meist die Unterstützung, zum anderen müssen sie das Einverständnis zur Arbeit mit dem Sportpsychologen geben. Also sind Eltern die ersten Ansprechpartner.

Eltern wollen grundsätzlich das Beste für ihr Kind. Es zeugt von Vertrauen, wenn sie einen Sportpsychologen kontaktieren bzw. ihr Kind mit einem Sportpsychologen arbeiten lassen. Oftmals gelangen sie mit einem klaren Auftrag an den Sportpsychologen und würden zudem gerne über den Verlauf der Gespräche informiert werden. Dabei sollten einige Punkte zur optimalen Zusammenarbeit berücksichtigt werden – insbesondere aus Sicht des Sportpsychologen.

- Die Anfrage ist ein Vertrauensbeweis.
- Die Anliegen der Eltern sind ernst zu nehmen und ihnen entsprechend Aufmerksamkeit zu schenken.
- Es sollte geklärt werden, dass Gesprächsinhalte zwischen dem Kind und dem Sportpsychologen nicht 1 : 1 an die Eltern weitergeleitet werden.
- Es ist hilfreich zu versichern, dass die Eltern informiert werden, falls sich etwas Auffälliges in der Zusammenarbeit zeigen sollte. Dieser Informationsfluss wäre

auch sinnvoll von den Eltern aus. Am Ende wissen beide Parteien, dass alles in normalen Bahnen läuft, solange sie nichts voneinander hören.

- Die Eltern sollten das Kind nicht ausfragen zur Arbeit mit dem Sportpsychologen. Das Kind wird von sich aus erzählen, wenn es Vertrauen hat.
- Die Eltern sollten das Kind fragen, ob es mit dem Sportpsychologen arbeiten möchte.
- Klar messbare und terminlich festgelegte Ziele sind im Kindes- und Jugendalter schwierig. Persönlichkeitsentwicklung / Unterstützung zu bestimmten Themen sollten im Fokus stehen ➔ Hauptziel: dem Kind fürs Leben etwas an die Hand geben (z. B. Selbstreflexion/Selbstwert). Niemand weiß, ob der Traum des Leistungssportlers in Erfüllung gehen wird.
- Es ist hilfreich, dem Kind zu sagen, dass es über alles reden dürfe (auch außerhalb der Treffen mit dem Sportpsychologen), es aber nicht tun müsse.
- Sollte sich beim Kind ein «Problem» mit den Eltern zeigen, sollte versucht werden, das Kind zu unterstützen, mit den Eltern zu reden.
- Sollte ein Konflikt zwischen Kind und Eltern vorliegen, kann der Sportpsychologe in Rücksprache mit den Eltern eine andere Rolle einnehmen und z. B. zum Mentor/ Vermittler werden.
- Bei Jugendlichen ist aufgrund der pubertären Abgrenzung gegenüber ihren Eltern die Aufklärung bzgl. «Schweigepflicht» wichtig.

2.10. TRAINING: ZIELE

› Einen in der Zukunft liegenden Zustand, der von einem Sportler angestrebt wird bzw. werden sollte, nennt man Ziel. Ziele sind ein wichtiger Schlüssel zum Erfolg. Dies sowohl im Sport als auch in der Zusammenarbeit mit einem Sportpsychologen.

Ziele geben im Sport allen involvierten Personen die Arbeitsrichtung vor, schaffen Klarheit und sind sinnstiftend. Zudem werden Ziele als Herausforderung gesehen. «Sich Ziele zu setzen, stellt eines der wirksamsten Antriebsmittel zum sportlichen Handeln dar. Ziele lenken unser Leben und unser Handeln in eine bestimmte Richtung.» (Baumann, 2015, S. 171) Grundsätzlich hilft es, im Sport Handlungsziele, auch Prozessziele genannt, zu setzen. Allerdings können ab und an auch Ergebnis-, Leistungs- oder Verhaltensziele als Möglichkeit eingesetzt werden. (Trainingsworld)

Handlungsziele

Ein Handlungsziel zielt darauf ab, sich vor der Ausübung der Bewegung gedanklich auf den Ablauf zu fokussieren. Es geht dabei nur um den Sportler selber und seine Bewegung. Das daraus resultierende Ergebnis steht nicht im Zentrum. Beispiele sind das Treffen des Balkens beim Weitsprungabsprung oder die beste Linie beim Ski alpin und nicht die Weite des Sprungs oder die Endzeit des Skirennens.

Ergebnisziele

Bei den Ergebniszielen geht es – wie der Name schon sagt – um das Ergebnis. Ein Sportler tritt gegen andere Sportler an mit dem Ziel, besser zu sein als die anderen, oder er will im Folgejahr eine bessere Platzierung erreichen als im Vorjahr. Oft liegt die Erreichbarkeit eines Ergebnisses nicht alleine in den Händen des Sportlers, sondern ist abhängig z. B. von der Vereinszugehörigkeit (FC Bayern München oder 1. FC Union Berlin).

Leistungsziele

Ein Sportler will seine individuelle Leistung verbessern und nimmt sich z. B. vor, seine Zeit beim 100-m-Lauf oder seine Trefferquote beim Basketball zu steigern. Mit dieser Art von Zielen kann im Training eine Wettkampfsituation simuliert werden. Auch kann das Selbstvertrauen eines Sportlers gestärkt werden. Hier ist allerdings Vorsicht geboten, denn gelingt die Leistungssteigerung nicht, kann sich das negativ auf den Selbstwert auswirken.

Verhaltensziele

Wie der Name schon sagt, geht es ums Verhalten des Sportlers und zielt immer auf eine Veränderung dessen ab. Ein Tennisspieler, der während eines Spiels flucht und Rackets zertrümmert, bekommt das Ziel, dies nicht mehr zu tun. Auf dem Weg zur Erreichung dieses Ziels wird es zu einer Verhaltensänderung beim Sportler kommen.

Wichtig bei der Zielsetzung ist: Tätigkeiten sind keine Ziele (Doppler & Lauterburg, 2002) und gut gesetzte Ziele sind realistisch gesetzt, denn ansonsten kann es zu Unter- oder Überforderung kommen (Alfermann & Stoll, 2012). Gute Ziele sind motivierend und lassen sich am Ende auch messen. Messbare Ziele erleichtern die Zusammenarbeit und führen zu einer einfacheren Zielüberprüfung. Die Messung kann anhand der aus der Wirtschaft bekannten ***SMART-Methode*** geschehen:

Specific
Ziel ist spezifisch.
Measurable
Ziel ist messbar.
Activating
Ziel/Zielvereinbarung wird von allen akzeptiert.
Reasonable
Ziel ist realistisch.
Time-bound
Ziel ist terminiert, d. h. auf eine bestimmte Zeit begrenzt.

Allerdings ist es nicht für alle Ziele sinnvoll, diese Methode anzuwenden. Bei Leistungszielen kann beispielsweise mittels einer Skalenabfrage gearbeitet werden. Bei der Zielsetzung wird abgefragt, wo auf einer Skala von 1 bis 10 der Sportler heute stehe und wo er zu einem abgemachten Zeitpunkt stehen wolle. Gleichzeitig wird festgelegt, wie der neue Wert erreicht werden kann und wie gesehen wird, dass er erreicht sei (subjektiv vom Sportler aus oder durch Beobachtungen möglich). An besagtem Endpunkt wird dann überprüft, ob das geklappt hat, und ein neues Ziel ausgemacht.

Verhaltensziele können beispielsweise überprüft werden, indem vorgängig bestimmt wird, «woran erkennt eine außenstehende Person, dass du dieses Ziel erreicht hast».

Werden Ziele nicht erreicht, sollte dies nicht als Scheitern betrachtet werden, sondern als Herausforderung, sich noch weiter zu entwickeln, weiter daran zu arbeiten. Zudem sollte in dem Zuge überprüft werden, ob das Ziel wirklich realistisch war. Grundsätzlich gilt: Nur wer auch mal ein Ziel nicht erreicht, wird längerfristig Erfolg haben. Allerdings fühlt es sich für Sportler eben oftmals genau wie Scheitern an, da ihre Karriere daran hängt. Daher wird auch in diesem Buch weiter von «Scheitern» die Rede sein. Als Sportpsychologe sollte es in jedem Falle umbenannt werden in der Arbeit.

3. ZUSATZTRAINING → SPORT, GESELLSCHAFT & CO.

3.1. ZUSATZTRAINING: DEFINITION SPORT

Sport zu definieren scheint auf den ersten Blick einfach: eine «nach bestimmten Regeln (im Wettkampf) aus Freude an Bewegung und Spiel, zur körperlichen Ertüchtigung ausgeübte körperliche Betätigung» (Duden).

Doch reicht diese Beschreibung aus? Gemäß dem sportwissenschaftlichen Lexikon (Röthig & Prohl, 2003) konstituiert sich der Begriff durch:

- motorische Aktivitäten, die auf den Erwerb und das Verbessern spezieller koordinativer und konditioneller Fähigkeiten abzielen,
- in der Regel motorische Handlungen, die im Erreichen bzw. Übertreffen weitgehend künstlich gesteckter Ziele ihren Sinn haben,
- einen charakteristischen und verbindlichen Handlungskodex, mit dem sportliche Aktivitäten hinsichtlich der Abläufe, der Organisationsstrukturen und der Handlungsnormen geregelt sind,
- die künstliche Erzeugung einer Ebene, auf der motorische Aktivitäten von Aspekten des produktiven Nutzhandelns freigesetzt sind und sich überwiegend konsequenzlos, also spielerisch vollziehen können.

Und um als Mitglied des DOSB aufgenommen zu werden, haben Verbände folgende Voraussetzungen zu erfüllen:

- Die Ausübung der Sportart muss eine eigene, sportartbestimmende motorische Aktivität eines jeden zum Ziel haben, der sie betreibt. Diese eigene motorische Aktivität liegt insbesondere nicht vor bei Denkspielen, Bastel- und Modellbautätigkeit, Zucht von Tieren, Dressur von Tieren ohne Einbeziehung der Bewegung des Menschen und Bewältigung technischen Gerätes ohne Einbeziehung der Bewegung des Menschen.

- Die Ausübung der eigenmotorischen Aktivitäten muss Selbstzweck der Betätigung sein. Dieser Selbstzweck liegt insbesondere nicht vor bei Arbeits- und Alltagsverrichtungen und rein physiologischen Zustandsveränderungen des Menschen.
- Die Sportart muss die Einhaltung ethischer Werte wie z. B. Fairplay, Chancengleichheit, Unverletzlichkeit der Person und Partnerschaft durch Regeln und/oder ein System von Wettkampf- und Klasseneinteilungen gewährleisten. Dies ist nicht gegeben insbesondere bei Konkurrenzhandlungen, die ausschließlich auf materiellen Gewinn abzielen oder die eine tatsächliche oder simulierte Körperverletzung bei Einhaltung der gesetzten Regeln beinhalten.

Vereinfacht lässt sich das Wort Sport als «sich vergnügen» (gemäß der lateinischen Übersetzung) oder «Spaß haben» (übersetzt aus dem Englischen) zusammenfassen. Dabei stehen das Vergnügen und die Leichtigkeit im Vordergrund. (Meyer, 2011) Und genau das sollte es sein. Sporttreiben sollte eine körperliche Aktivität zum Vergnügen sein. Wer Sport treibt, stellt in erster Linie die eigene Leistung in den Vordergrund, und als Erfolg sollten die individuellen Fortschritte und der Spaß an der Tätigkeit gewertet werden.

Grundsätzlich werden vier Formen im Sport unterschieden (Meyer, 2011, S. 14):

Breitensport
Wer Breitensport betreibt, sieht die Freude an der Bewegung sowie den Austausch mit anderen Begeisterten im Vordergrund.
Gesundheitssport
Im Gesundheitssport steht – wie der Name schon aussagt – die persönliche Gesundheit des Sporttreibenden im Fokus. Dies kann als Vorbeugung oder Rehabilitation von Erkrankungen und Verletzungen sein.
Leistungssport
Beim Leistungssport stehen das Setzen und Erreichen von persönlichen Zielen und die damit verbundenen häufigen Trainingseinheiten im Zentrum.
Hochleistungssport
Der Hochleistungssport unterscheidet sich im Vergleich zum Leistungssport darin, dass die Sportler meist einem Kader angehören, allenfalls sogar vom Sport leben und damit verbunden ihr Leben auf den Sport ausrichten und zusätzliche Aufgaben wie Medienpräsenz, Sponsorensuche und Ähnliches zu bewältigen haben.

Selbstverständlich gelten diese vier Unterscheidungen auch im Behindertensport.

3.2. ZUSATZTRAINING: SPORTLICHE LEISTUNG

Grundsätzlich wird unter Leistung der Energieaufwand beschrieben, den eine Person für die Erfüllung einer Aufgabe aufbringen muss. Im Sport ist der Energieaufwand das Zusammenspiel der Technik, d. h. des Bewegungsablaufs und der Koordination, der Physis, also der Kondition, und der konstitutionellen Fähigkeiten sowie der Psyche eines Sportlers. Das aus diesem Zusammenspiel entstehende Ergebnis wird «an sozial determinierten Normen gemessen bzw. bewertet» (Schnabel et al., 1998, S. 33) und als sportliche Leistung angesehen.

Als Beispiel ein Marathonläufer:

Technik
Der Laufstil, die Atmung wie auch die Rumpfstabilität müssen stimmen.
Physis
Über einen längeren Zeitraum die gleiche Bewegung mit gleicher Geschwindigkeit ausüben.
Psyche
Der Kopf darf nicht müde werden und gibt vor, die Distanz zurückzulegen.
Sozial determinierte Normen «Maßstab und Bewertung»
42,195 km laufen, je schneller, desto besser (aktuelle Weltrekordzeiten: Männer: 02:01:39 durch Eliud Kipchoge aus Kenia im Jahr 2018 in Berlin gelaufen; Frauen: 02:14:04 in Chicago aufgestellt durch Brigid Kosgei aus Kenia im Jahr 2019).

3.3. ZUSATZTRAINING: ERFOLG

Unter Erfolg wird das Erreichen eines selbst definierten Ziels verstanden. Es spielt keine Rolle, ob es sich dabei um den Verlust von drei Kilogramm Körpergewicht durch sportliche Aktivitäten innerhalb eines Monats, einer Laufzeit von fünf Stunden bei einem Marathon oder um den Gewinn der Olympischen Goldmedaille handelt. Es zählt einzig, dass das individuelle Ziel umgesetzt werden konnte.

3.4. ZUSATZTRAINING: GESELLSCHAFT

Die Gesellschaft ist die Gesamtheit der Menschen, die unter bestimmten Verhältnissen zusammenleben. (Duden) Maßgebend sind die politischen, wirtschaftlichen und sozialen Verhältnisse. Jede Gesellschaft zeichnet sich durch Grundwerte und sozial definierte Muster hinsichtlich dessen, wie sich ein Mensch zu verhalten hat, aus. (Gerrig & Zimbardo, 2008) Diese Grundannahmen sind auch in Bezug auf den Sport sowie die Sportpsychologie ausschlaggebend, denn Menschen und somit Sportler sind immer das, was die Umwelt vorgibt und zulässt. Es findet «eine kontinuierliche Wechselwirkung zwischen Person und Umwelt» (Asendorpf, 2007, S. 99) statt. Das heißt, dass z. B. Unterschiede der Bekanntheit oder der Akzeptanz einer Sportart in der Gesellschaft oder kulturelle Unterschiede von Sportlern bei der sportpsychologischen Arbeit zu berücksichtigen sind.

4. VOR DEM WETTKAMPF – EIN SPORTPSYCHOLOGISCHES PROJEKT IM ÜBERBLICK

Die letzten Kapitel bzw. die zahlreichen Bergrifferklärungen sind die Grundlage für die kommenden Seiten.

Im Folgenden wird es darum gehen aufzuzeigen, wie eine konkrete Arbeit eines Sportlers mit einem Sportpsychologen als Form der Beratung oder des Trainings aussehen soll(te). Aus einem Blind Date soll ein Bild für ein Date entstehen.

Die Arbeit ist immer eine Zusammenarbeit! Ein Sportpsychologe unternimmt nie etwas ohne Rück-/Absprache mit dem Sportler bzw. ohne dessen Einverständnis, und der Sportler wird nichts vom Sportpsychologen bekommen, ohne selbst etwas dafür tun zu müssen – er muss (mit-)arbeiten.

Um die Darstellung dieser Zusammenarbeit zu vereinfachen und greifbarer zu machen, wird das Projektmanagement aus der Wirtschaft zur Erklärung herangezogen, denn eine Interaktion zwischen einem Sportler und einem Sportpsychologen ist im eigentlichen Sinne ein Projekt. Ein Projekt zeichnet sich dadurch aus, dass es einen Anfang und ein Ende hat und verschiedene Projektschritte beinhaltet.

Um das Ganze bildlich zu gestalten, wird – in sportlicher Anlehnung – von einem Hürdenlauf die Rede sein. Es gibt einen Start, im Anschluss steht jede Hürde für einen Projektabschnitt. Am Ende folgt der Zieleinlauf und somit der Projektabschluss.

In einem Projekt geht es um Neuerungen und Innovationen und es zeichnet sich dadurch aus, dass es einmalig ist. Ja, einmalig. Wie ein Hürdenrennen – das ist auch einmalig!

Soll die Arbeit zwischen dem Sportler und dem Sportpsychologen im Anschluss an ein Rennen weitergehen, wird im Normalfall ein neuer Lauf mit all seinen Schritten in Angriff genommen. Das heißt, jeder Auftrag ist ein Projekt/Rennen für sich selbst und als solches zu behandeln. Wer dem keine Rechnung trägt, wird Gefahr laufen, ein Rennen ohne genaue Zieldefinition anzugehen. Welche Folgen das haben kann, liegt auf der Hand – an irgendeiner Hürde wird der Läufer stolpern und Unstimmigkeiten und Konflikte sind programmiert.

Viele werden denken, dass in der sportpsychologischen Unterstützung wiederkehrende Interventionen/Maßnahmen eingesetzt werden. Das kann im späteren Verlauf einer Zusammenarbeit tatsächlich geschehen. Nämlich dann, wenn der Sportler beim Umsetzen seiner Veränderungen bzw. Entwicklungen noch begleitet/betreut wird, da er noch nicht auf sich alleine gestellt sein möchte und so durch wiederkehrende Gespräche/Übungen Sicherheit erlangen kann. Doch auch dieser Form der Zusammenarbeit geht normalerweise ein Projekt voraus. Mit so einer Art der Zusammenarbeit zu starten wäre eher ungewöhnlich und auch nicht unbedingt zu empfehlen.

Der Ursprung einer Zusammenarbeit ist nämlich meist mit der Idee verbunden, eine einmalig definierte, zielgerichtete Veränderung, Neuerung, Verbesserung oder Entwicklung für einen Sportler zu bewirken.

Ein Projektmanagementhandbuch definiert folgende wesentliche Kriterien, damit von einem Projekt gesprochen werden kann:

- Projekte betreten Neuland. Sie verwirklichen Lösungen, die es in der angestrebten Form noch nicht gibt.
  Eine Kunstturnerin fragt beim Sportpsychologen beispielsweise an, dass sie eine Veränderung suche, um auf dem Schwebebalken sicherer zu werden. Sie zeigt sich dem Resultat gegenüber und insbesondere dem Weg dorthin unvoreingenommen und offen. Ab und an kommt es auch vor, dass die Sportler anfragen, sie könnten sich zu wenig fokussieren und hätten daher Schwierigkeiten z. B. auf dem Schwebebalken. Wie in einem solchen Falle vorzugehen ist, wird weiter hinten in diesem Buch beleuchtet. Eine solche Anfrage ändert aber nichts an der Tatsache, dass die Veränderung Neuland für die Turnerin ist.
- Projekte sind zeitlich begrenzt, das bedeutet, sowohl ein Anfang als auch ein Ende sind terminlich definiert. Der Beginn kann z. B. nach einer Kennenlernphase oder terminiert nach einem Trainingslager geschehen und endet an einem

bestimmten Wettkampf oder beim Fußball als Beispiel nach dem Ende der Europameisterschaft – hoffentlich mit der Erreichung des Ziels.

- Projekte sind einmalig. Es erklärt sich von selbst, dass die Kunstturnerin, die sich als Ziel gesetzt hatte, sicherer auf dem Schwebebalken zu werden, dies nicht mehrfach als neues Projekt angehen will, sondern beim ersten Mal die optimale Unterstützung wünscht.
- Projekte sind mit begrenzten Ressourcen ausgestattet. In der Sportpsychologie zeigen sich oft die finanziellen sowie die zeitlichen Ressourcen (in den kommenden Zeilen ersichtlich) als Herausforderung.
- Projekte verfolgen ein klar formuliertes, messbares (SMART)-Ziel.
- Projekte arbeiten in aller Regel interdisziplinär und bereichsübergreifend. Dabei ist – wie schon mehrfach angesprochen – die Zusammenarbeit des gesamten Teams (vom Sportler über den Trainer bis hin zum Ernährungsberater) gemeint. Bei einem Auftrag mit einem Einzelsportler reicht es u. U., mit ihm alleine zu arbeiten – in Form eines Einzelcoachings. Wird eine Mannschaft betreut oder für einen Verein gearbeitet, kommt diesem Punkt eine große Bedeutung zu.
- Projekte implizieren das Risiko des Scheiterns. Wer ein Projekt in Angriff nimmt und sich ein klares, messbares Ziel setzt, läuft immer Gefahr, das Ziel nicht zu erreichen. Auch wenn es öfter vorkommt, dass rückblickend der Weg das Ziel war, kann ein «gescheitertes» Projekt für einen Sportler das unwiderrufliche Ende seines Ziels/Traums sein – beispielsweise bei Olympia keine Medaille zu erreichen. Dies liegt daran, weil die aktive Zeit insbesondere für einen Hochleistungssportler normalerweise aufgrund des Alters begrenzt ist.
  So gilt es, ein Ziel zu setzen, das realistisch ist, und dies mit voller Konzentration anzugehen. «Konzentration bezeichnet den Zustand der Aufmerksamkeit. Meist ist diese Aufmerksamkeit fokussiert auf einen bestimmten Gegenstand, Gedanken oder Gefühl gerichtet.» (Meyer, 2011, S. 64)
- Projekte erfordern eine eigene Organisation. Hierbei geht es um die klare Definition, wer im Projektteam (Schlüsselpersonen) dabei ist, d. h., wer Mitsprache hat und welche Rollen die Personen einnehmen. Es ist selten sinnvoll, alle Personen in einem Projektteam unterzubringen. Wer allerdings Schlüsselpersonen außen vor lässt, läuft Gefahr, dass das Projekt scheitert, weil sich die entsprechenden Personen nicht abgeholt fühlen. Die Auswahl muss daher gut überlegt sein. Zum anderen ist es wichtig, die weiteren involvierten Personen immer über den Stand des Projektes – nach Absprache, was gesagt werden darf – auf dem Laufenden zu halten.

- In der Arbeit mit dem Sportpsychologen kann sich diese Stelle als Knackpunkt erweisen. Wer als Sportpsychologe Schlüsselpersonen übergeht, wird sich bei Nicht-Erreichung der Ziele keine Freunde machen und als Mitverantwortlicher des Scheiterns gesehen werden, obschon er im Prozess u. U. mehrfach auf die Herausforderungen/Schwierigkeiten aufmerksam gemacht hat. Klärung, Einbezug und klare Absprachen mit den Schlüsselpersonen sind also von großer Bedeutung.

Projekte nehmen Zeit in Anspruch. Dabei ist nicht nur die Länge der Zusammenarbeit, bis ein Ziel erreicht ist, gemeint, sondern auch die Zeit, die jedes Projektmitglied zusätzlich zum normalen Alltag aufbringen muss für das Projekt.

Die Zusammenarbeit mit einem Sportpsychologen wird meist zusätzlich zu allen bereits bestehenden Unterstützungsmaßnahmen in Anspruch genommen und soll in einen eigentlich schon vollen Alltag integriert werden.

Sportpsychologische Arbeit ist mehr als nur Gespräche und Übungen. Sportpsychologische Arbeit ist Training für den Kopf. Training ermüdet und braucht Erholung. Oftmals wird vergessen, wie viel Regeneration der Kopf an sich schon bräuchte bei alltäglichem Training – er braucht länger als der Körper. Wird explizit mit dem Kopf gearbeitet, liegt der zusätzliche Regenerationsbedarf für das Nachwirken des Ge-/Bearbeiteten auf der Hand. Es braucht also Ruhephasen, damit eine Veränderung greifen kann. Diesem Punkt muss unbedingt Rechnung getragen werden, da in einem anderen Bereich dafür Abstriche gemacht werden müssen. Es gilt also, den Sportler hinsichtlich seiner Arbeit zu sensibilisieren und allenfalls mit anderen involvierten Stellen zu schauen, wie und wo es am besten passen könnte.

Jedes sportpsychologische Projekt ist ein Veränderungsprojekt. Es sollte allerdings in jeder Zusammenarbeit mit einem Sportpsychologen eine Entwicklungskomponente geben. Dem Sportler für sein Leben etwas mit an die Hand zu geben, sollte immer primäres Ziel sein, auch wenn per se z. B. auf den Olympiasieg hingearbeitet wird. Dieses Ziel am Ende wirklich zu erreichen, kann nicht gewährleistet werden. Sich dabei weiterzuentwickeln – fürs Leben zu lernen – immer.

Etwas Wichtiges gilt es hier noch anzumerken. Oftmals ist es so, dass Sportler während der Zusammenarbeit antworten, sie würden verstehen, was gemeint sei, oder sie würden nun wissen, was zu tun sei. Das heißt allerdings noch nicht, dass sie es auch können. «Nach der Aneignung des Wissens ist es wichtig, dass die betreffenden Personen in die Lage versetzt werden, ihr erworbenes Wissen erfolgreich in die Praxis umzusetzen. Erst wenn dies gewährleistet ist, kann davon ausgegangen werden, dass jemand etwas wirklich kann.» (Projektmanagementhandbuch) Und erst dann kann ein Projekt abgeschlossen werden.

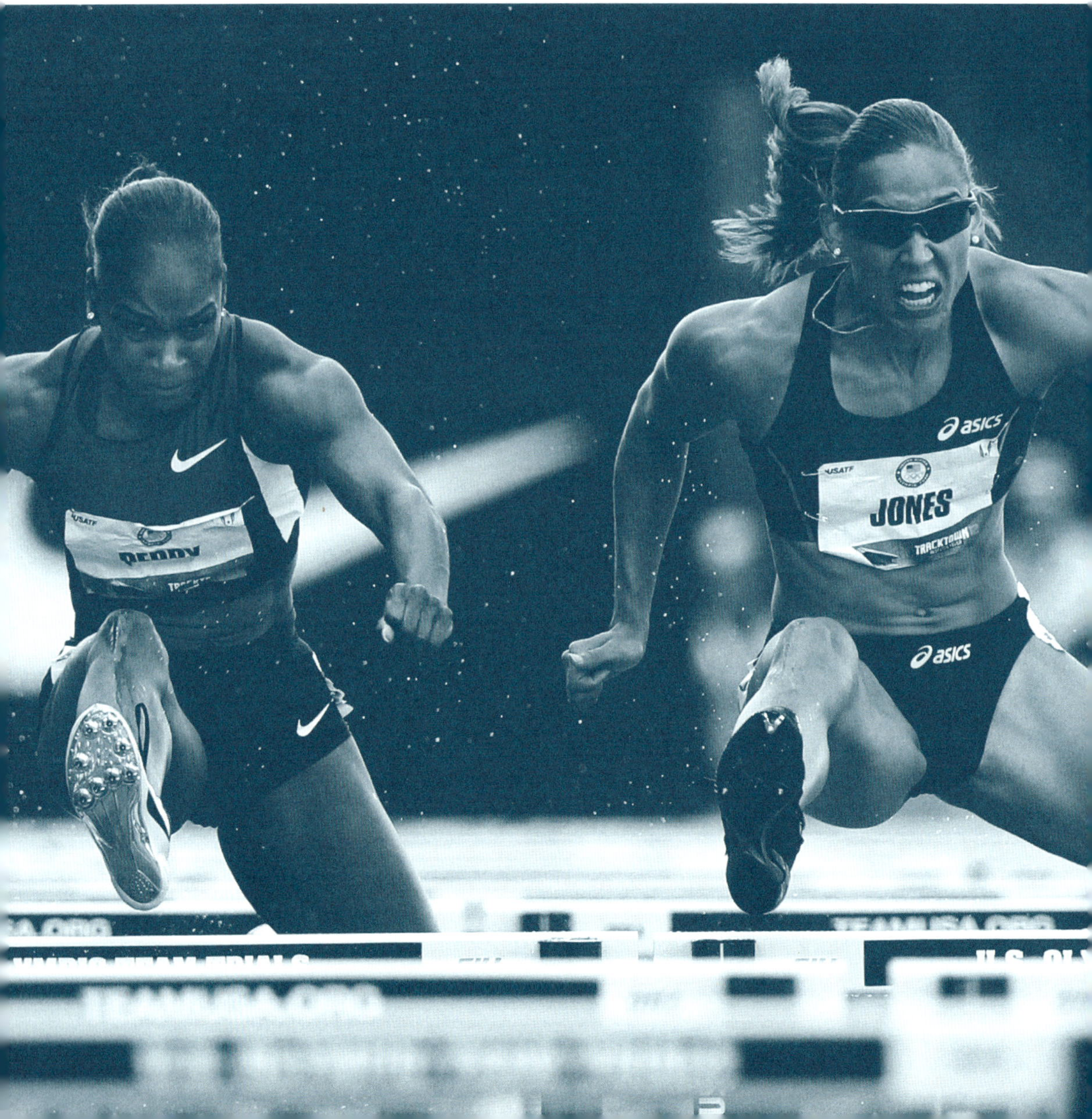

5. START – WIE VERLÄUFT DIE OPTIMALE ZUSAMMENARBEIT?

Im Folgenden wird nun die optimale Zusammenarbeit zwischen einem Sportler und einem Sportpsychologen aufgezeigt. Dabei wird immer auf zwei Arten der Zusammenarbeit eingegangen:

- Einmal auf die Arbeit, wo neben dem Sportler noch weitere Personen wie Verband, Verein, Trainer, Eltern oder Ähnliches involviert sind – also immer von Team die Rede ist oder eine Mannschaft inkl. Staff gemeint ist. Der vereinfachten Lesbarkeit halber wird im Folgenden nur von Sportler gesprochen, alles gilt aber auch für eine ganze Mannschaft.

  Im Anschluss an jedes Kapitel wird anhand eines Praxisbeispiels *(Beispiel)* der theoretisch erklärte Punkt nochmals veranschaulicht. Es wird hierbei – in Anlehnung an den Hürdenlauf – von einer Hürdenläuferin und deren Team die Rede sein.

- Als Zweites auf das in der Sportpsychologie weit verbreitete Einzelcoaching, wo ein Sportler «ohne Wissen» oder ohne Involvement des Trainers etc. Unterstützung sucht.

Die optimale Zusammenarbeit zwischen einem Sportler und einem Sportpsychologen zeichnet sich dadurch aus, dass sie einem zielgerichteten Plan folgt. Nur wer systematisch arbeitet, wird am Ende Erfolg verzeichnen können. Grundsätzlich lässt sich das sportpsychologische Projekt in sechs Schritte unterteilen. Wie erwähnt, wird zur Illustration die Hürde ausgesucht, und so ist die Zusammenarbeit als Hürdenlauf über fünf Hürden und einen Zieleinlauf zu verstehen.

Nur dem, der bei einem Hürdenlauf jeder einzelnen Hürde die nötige Aufmerksamkeit entgegenbringt, wird es am Ende ohne Hürdenfehler gelingen, ins Ziel zu kommen. Jede Hürde steht für einen Projektschritt (Abbildung 1). Die Projektschritte sind chronologisch aufgebaut und verfolgen in sich selber Ziele, die erreicht werden müssen. Diese sind die Voraussetzung, um die nächste Hürde angehen zu können und am Ende erfolgreich das Ziel zu erreichen. Auf die einzelnen Projektschritte wird in den folgenden Kapiteln im Detail eingegangen.

SPORTPSYCHOLOGISCHES PROJEKT – DER ABLAUF

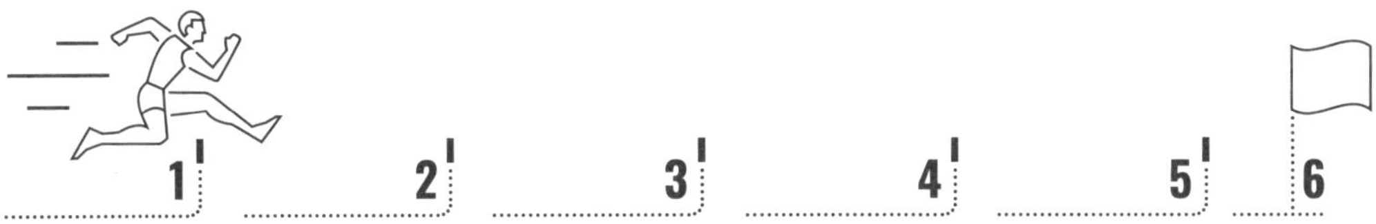

1 ANFRAGE/AUFTRAGSKLÄRUNG
- Kennenlernen
- Worum geht es?
- Was sind die Wünsche?
- Vertrauensklärung
- Auftrag schriftlich erstellen

2 ANALYSE
IST-Situation:
- Erkundungsgespräche
- Persönliche Gespräche
- Beobachtung
- Selbstbeobachtung
- Fragebogen/Auswertungen

3 KONZEPT
- Zielfindung/Zieldefinition
- Strategie
- Maßnahmen – Ideen für die Zielerreichung
- Definitiver Ressourcenbedarf

4 PLANUNG
- Entscheid über definitive Maßnahmen
- Meilensteine
- Zeitplanung
- Schlüsselpersonen
- Kick-off

5 EINFÜHRUNG/UMSETZUNG
- Einführung
- Umsetzung
- Persönlichkeitsentwicklung
- Berichterstattung
- Überwachung

6 ABSCHLUSS/WEITERE BETREUUNG
- Zielüberprüfung
- Auswertung
- Evtl. neuer Auftrag

Abbildung 1, Sportpsychologisches Projekt – der Ablauf (Renate Eichenberger)

Diese systematische Vorgehensweise hat zur Folge, dass alle im Projekt involvierten Personen zu jeder Zeit genau wissen, wo sie sich befinden. Es gibt einen Halt / eine Struktur und lässt den Sportpsychologen auch erklären, warum er Wert auf gewisse Punkte legt. Trotz dieses strukturierten Vorgehens wird es immer wieder zu Problemen kommen bei der Zusammenarbeit. Auf diese Probleme bzw. Herausforderungen wird im Kapitel im Anschluss an den Hürdenlauf detailliert eingegangen.

6. HÜRDE EINS – ANFRAGE UND AUFTRAGSKLÄRUNG

Ein Sportler, der Verein, der Verband, ein Trainer oder eine dem Sportler nahestehende Person, z. B. Eltern, (alle sind mögliche Auftraggeber) spüren, dass Unterstützung durch einen Sportpsychologen weiterhelfen könnte und suchen dafür die passende Person. Es ist sinnvoll, einen Sportpsychologen zurate zu ziehen, solange der Sportler sich in einer positiven Phase befindet. Also nicht erst dann, wenn er keinen anderen Ausweg mehr sieht oder sich allenfalls mit einem akuten Problem belastet fühlt. Oft werden Sportpsychologen auch bei sogenannten Krisen oder Notfällen angefragt. Auf diese Spezialfälle wird im späteren Verlauf eingegangen.

Meist treten der potenzielle Auftraggeber und ein Sportpsychologe ein erstes Mal telefonisch in Kontakt. Bei diesem Gespräch können erste Dinge geklärt werden. Von Bedeutung für alle ist die Frage nach den Erwartungen. Warum wird der Sportpsychologe kontaktiert, was sind die Wünsche? Hier ist es z. B. sinnvoll, dass der Sportpsychologie die «Wunderfrage» stellt: «Was wäre, wenn ich tatsächlich unterstützen kann und der ausgesprochene Wunsch in Erfüllung gehen würde? Wie würde sich die Veränderung zeigen?» Antwortet der mögliche Auftraggeber, dass sich nichts verändern würde, dann wird sich der Einsatz des Sportpsychologen zumindest für diesen Wunsch nicht lohnen.

Haben sich der Auftraggeber und ein Sportpsychologe gefunden, steht ein erstes Gespräch – das sogenannte Vor-, Erst-, Kennenlern- oder Informationsgespräch – an. Bevor dieses stattfindet, muss klar sein, wer daran teilnimmt. Die Schlüsselpersonen / das Team müssen definiert werden. Ist es nur der Sportler, der Trainer oder sind es beide oder gibt es noch andere Personen? Bei Kindern/Jugendlichen wird es u. U. zwei dieser Gespräche geben. Als Erstes mit den Eltern und dann auch mit dem Kind alleine.

Sinnvoll ist es, wenn sich alle involvierten Personen treffen und über die ersten

Wünsche und Erwartungen sprechen und den Sportpsychologen – der sich ebenfalls vorstellt – kennenlernen. Im Anschluss muss aber zwingend noch ein intensiveres Gespräch mit der/den Hauptperson/en geführt werden. Obwohl es im Sport zentral ist, dass alle Schlüsselpersonen / das ganze Team hinter einer sportpsychologischen Intervention stehen sollte – ohne diese gemeinsame Unterstützung wird ein Projekt scheitern – gibt es Informationen, die nur zwischen dem Hauptakteur und dem Sportpsychologen besprochen werden. Der Sportpsychologe muss in diesem Gespräch auch erkennen, dass die Unterstützung vom Sportler gewünscht ist und nicht von außen «aufgedrückt» werden soll. Dabei trägt der Sportpsychologe die Verantwortung.

Grundsätzlich gilt: Nur wer aus eigenem Antrieb Unterstützung will, einander sympathisch ist und das Gefühl hat, der anderen Person vertrauen zu können, kann am Ende erfolgreich zusammenarbeiten. Nach dem Vorgespräch sollten sowohl der Sportler, dessen Team/Schlüsselpersonen wie auch der Sportpsychologe in sich gehen und mit voller Überzeugung «ja» zu einer gemeinsamen Arbeit sagen können. Eine psychische Not des Sportlers, ein «Gutmeinen» des Teams oder das lockende Einkommen für den Sportpsychologen dürfen nicht ausschlaggebende Faktoren sein!

Sobald die Sympathie- und Vertrauensfragen geklärt sind, geht es um die eigentliche Klärung des Auftrags – das Herzstück eines jeden Projekts. Diese Arbeit ist nicht in zwei Minuten erledigt, sondern benötigt Zeit.

Hier ist noch anzumerken: Auch wenn ein Sportler den Rat eines Sportpsychologen sucht, heißt das nicht, dass er genau weiß, was er vom Sportpsychologen möchte. Es wird vielfach der Fall sein, dass er spürt, dass ihm in der einen oder anderen Richtung geholfen werden könnte bzw. müsste. Da aber meistens unklar ist, wie ein Sportpsychologe überhaupt genau unterstützen kann, ist es die Aufgabe des Sportpsychologen, im Rahmen der Auftragsklärungen aufgrund der gestellten Fragen und erhaltenen Antworten erste Ideen zu bündeln und diese dann nach der Analysephase für den Sportler verständlich und zielorientiert darzulegen. Am Ende liegt die Entscheidung beim Sportler, auf was er sich einlassen und wo/womit er arbeiten möchte.

Um diesem Aspekt Rechnung zu tragen, stellt der Sportpsychologe immer wieder ähnliche Fragen, um ganz sicherzugehen, was der Sportler wirklich möchte. Für den Sportler ist es wichtig, dass er spürt, dass der Sportpsychologe seine Anliegen ernst nimmt, ihn wertschätzt, nachfragt und nicht sofort mit Ideen oder gar Lösungen kommt. Oft wird ein guter Sportpsychologe auch weitere Wunderfragen (was wäre wenn ...) stellen und immer wieder darauf hinweisen, dass der Sportler derjenige ist, der am Ende die Konsequenzen tragen muss. Dem Sportler wird aufgezeigt, dass er mitarbeiten muss. Doch obschon der Sportler am Ende arbeiten und die Konsequenzen tragen muss, soll der Auftrag nicht nur von seiner Seite festgelegt werden. Nur wenn der Sportler, das Team / die Schlüsselpersonen und der Sportpsychologe den Auftrag gemeinsam aushandeln, liegt eine Grundlage vor, bei der sich alle Beteiligten abgeholt fühlen werden. Dies mit dem Vorteil, dass es in der Folge zu weniger Unstimmigkeiten und Konflikten kommen wird. Zu beachten gilt es zudem, dass dabei auf der «sportlichen Ebene kommuniziert» (Meyer, 2011, S. 60) wird, d. h., der Sportpsychologe hat die Pflicht, sich in die Lage und in die Lebenswelt des Sportlers aufgrund dessen Erzählungen hineinzudenken, ohne diese zu bewerten bzw. Dinge von sich aus dazuzudenken!

Bei einem Auftrag sollten folgende Rahmenbedingungen definiert werden (Projektmanagement):

Erstes Ziel
Die definitiven Ziele erfolgen nach der Analysephase.
Erste Einschätzung der Situation
Wo steht der Sportler aktuell? Welche Herausforderungen können auf das Projektteam zukommen?
Grober Kostenrahmen
Was kostet die Arbeit des Sportpsychologen?
Zeitplan
Wann wird mit der Analysephase begonnen, wie lange dauert diese, bis wann soll das Ziel genau erreicht sein? Darin werden auch z. B. Wettkämpfe, Limitentermine (Termine für Qualifikationskriterien), Trainingslager oder Ähnliches, wie auch Daten für Zwischenziele sowie das Datum des Endziels – alles sogenannte Meilensteine – vermerkt.
Projektleitung
Wer führt dieses Projekt? Meist wird es der Sportpsychologe sein.
Projektteam
Wer gehört alles dazu? Sportler, Sportpsychologe, Trainer, Verein, Verbandsverantwortliche, Physiotherapeut, Ernährungsberater, Eltern? Welche Rolle nimmt wer ein?
Weiterer Ressourcenbedarf (als erste Annahme)
Wie viel Zeit wird für die angestrebte Arbeit benötigt? Von wem? Wie sehen die

nächsten Schritte aus (Analysen, definitive Zielsetzung, Einführung etc.)? Hier gilt es auch zu klären, wie die Zusammenarbeit aussehen soll. Wird der Sportpsychologe immer vor Ort sein oder nur zu bestimmten Zeiten, Tagen? Findet ein Teil des Austausches z. B. auf dem Schriftweg oder am Telefon statt. Wie ist der Sportpsychologe für den Sportler erreichbar?
Allenfalls weitere notwendige Punkte.

«Eine saubere Auftragsklärung zwischen Auftraggeber und Projektleitung (Sportpsychologe) ist der Grundstein zum späteren Projekterfolg.» (Projektmanagementhandbuch)

Ist der Auftrag geklärt, muss das Abgemachte schriftlich festgehalten und von allen Parteien genehmigt werden (am besten mittels Unterschrift).

Es kann sinnvoll sein, dem Projekt einen Namen zu geben. Dies hat eine andere Identifikation mit dem Auftrag zur Folge und kann insbesondere dann, wenn ein Teil der Zusammenarbeit auf schriftlichen Weg geschehen wird, die Kommunikation vereinfachen.

6.1.1. DAS BEISPIEL – AUFTRAG UND AUFTRAGSKLÄRUNG

BEISPIEL

Telefonisch erhalte ich die Anfrage eines Trainers, dass er für seine 19-jährige Hürdenläuferin sportpsychologische Unterstützung suche. Er sei der Überzeugung, dass in der jungen Dame noch mehr Potenzial stecke, als sie bisher abrufen könne. Sie sei sehr schüchtern und könne das im Training Gezeigte im Wettkampf nicht umsetzen, da sie regelmäßig vor den Rennen über Bauchschmerzen klage. Wenn diese wegfallen würden, würden die Zeiten sicher denen im Training entsprechen, meint er.

Ich frage ihn, ob seine Sportlerin von der Idee wisse. Er bejaht und meint, sie würde sich über Unterstützung freuen. Allerdings sei sie, da sie gerade noch Abitur schreiben würde, zeitlich sehr eingespannt, und daher habe er die Aufgabe der Kontaktaufnahme übernommen. Auf die Frage, wer noch mit der Sportlerin arbeiten würde, bekomme ich die Antwort, dass es noch einen Physiotherapeuten, einen Athletiktrainer sowie den Verantwortlichen der Hürdenabteilung gebe. Letzterer sei für die Sponsoren zuständig und genehmige am Ende auch Geld für dieses Vorhaben. Von sich aus erklärt er mir, dass es sicher hilfreich sei, mit all den angesprochenen Personen einmal zu sprechen.

Wir vereinbaren ein Erstgespräch mit allen genannten Personen. Es erscheint uns am einfachsten.

Die Sportlerin begrüßt mich voller Freude und auch die anderen scheinen aufgeschlossen. Jeder stellt sich kurz vor inklusive mir. Im Anschluss möchte ich von jedem einzeln wissen, wie meine Unterstützung einen Mehrwert bieten könnte. Es herrscht Einigkeit, dass sich die Trainingszeiten der Sportlerin im Wettkampf umsetzen lassen sollten.

In vier Monaten sei der Höhepunkt der Saison und bis dahin wäre eine Veränderung toll. Ich mache darauf aufmerksam, dass wir an den Einflüssen arbeiten und somit eine Persönlichkeitsentwicklung erzielen werden. Im besten Falle würden daraus auch die angesprochenen schnelleren Zeiten resultieren – das sei aber nicht gewährleistet und brauche eine Mitarbeit. Ich erkläre kurz, wie mein Vorgehen wäre (siehe die folgenden Seiten).

Ich bekomme auch noch ein paar Minuten die Möglichkeit, mit der Sportlerin alleine zu sprechen. Sie möchte unbedingt Unterstützung und würde dafür auch arbeiten wollen.

Am Ende des Gesprächs fühlen wir uns alle gut aufgehoben und glauben, dass eine Zusammenarbeit möglich ist. So halten wir schriftlich fest:

Erstes Ziel
Unterstützung der Hürdenläuferin, um ihre Bauchschmerzen vor den Rennen zu reduzieren.
Erste Einschätzung
Hürdenläuferin im Abitur-Stress und gleichzeitig Vorbereitung auf Saisonhöhepunkt. Alle Beteiligten möchten schnellere Zeiten von ihr sehen. Sieht die Sportlerin das selbst auch so? (Das wird sich in der Analyse zeigen.)
Grober Kostenrahmen
Es wird für die Analysephase eine Pauschale ausgemacht. Für den weiteren Verlauf wird dann – angepasst an die Interventionen – der Kostenrahmen besprochen.
Zeitplan
Die Analysephase soll umgehend beginnen. Sie soll in spätestens drei Wochen abgeschlossen sein.

Projektleitung
Ich werde alle Schritte planen und entsprechend kommunizieren.
Projektteam
Wir einigen uns, dass ich zwar mit allen Anwesenden sprechen werde, am Ende aber die Sportlerin und der Trainer diejenigen sind, mit denen ich im engen Austausch stehe.
Weiterer Ressourcenbedarf (Zeit)
Mit der Sportlerin soll ein ausführliches persönliches Gespräch geführt werden. Dieses wird an einem Samstag statt finden und hierfür eine Trainingseinheit ausfallen. Mit den anderen anwesenden Personen soll ein je ca. 60-minütiges Erkundungsgespräch mit ein paar Leitfragen geführt werden. Diese Termine lassen sich aufgrund der Verfügbarkeit der Personen einfach festlegen. Alle Gespräche finden in einem Café nahe der Trainingsanlage statt. Zudem werde ich drei Trainingseinheiten (eine davon Athletik) beobachten dürfen – dafür bekomme ich einen Trainingsplan und schaue, wie es für mich zeitlich passt.

Im Anschluss an die Auftragsklärung folgen noch ein paar Worte über die nachfolgende Trainingseinheit als lockerer Austausch.

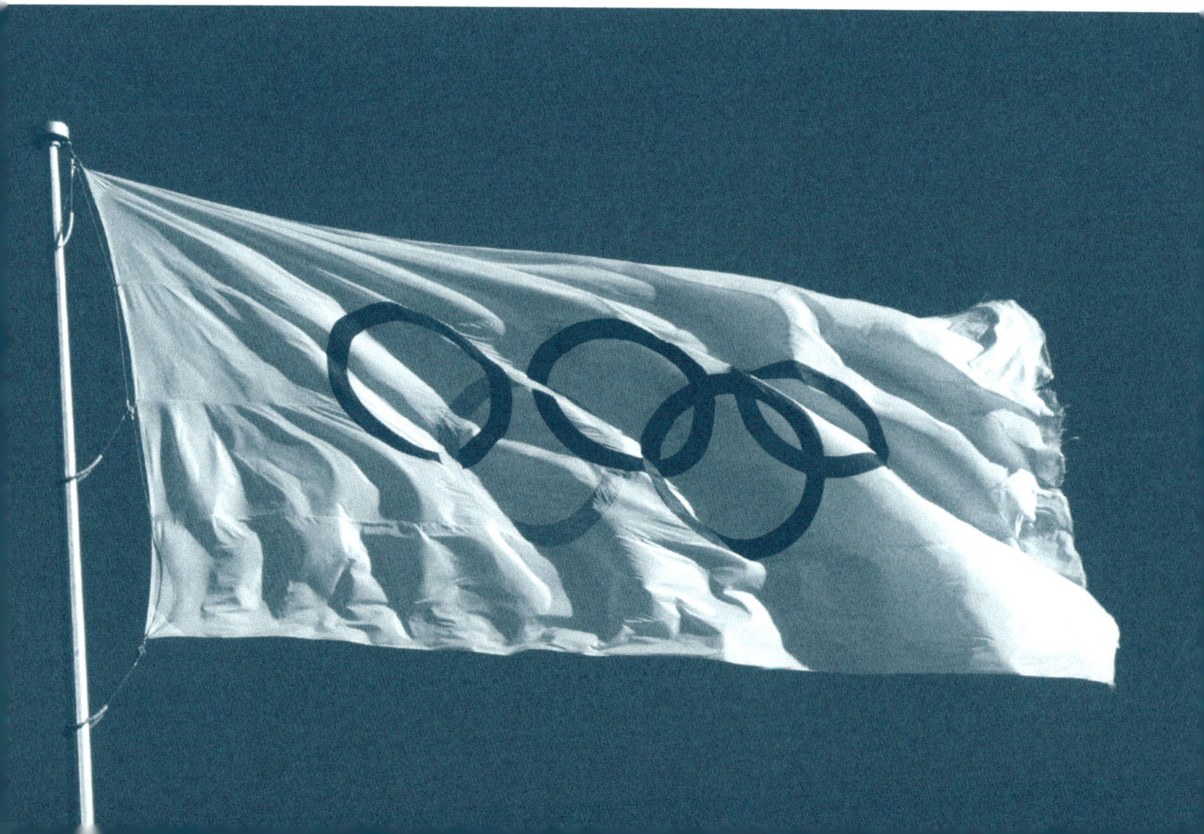

6.2. EINZELCOACHING – AUFTRAG UND AUFTRAGSKLÄRUNG

Bei einem Einzelcoaching sucht ein Sportler direkt Unterstützung beim Sportpsychologen, wobei der Trainer manchmal nicht mal davon unterrichtet ist oder der Sportler die unabhängige Arbeit wünscht. Das kommt nicht selten vor. Dabei hat der Sportler ab und an tatsächlich auch sportliche Herausforderungen, die er angehen möchte, allerdings – wie gesagt – ohne das Wissen des Trainers, weil er sich u. U. vor Konsequenzen fürchtet, wenn er offen zugeben würde, dass er beispielsweise mit Motivationsproblemen zu kämpfen hat.

Oftmals sind es auch Themen, die zwar den Sport beeinflussen, nicht aber direkt mit dem Sport zu tun haben (z. B. Liebeskummer), die den Schritt zum Sportpsychologen zur Folge haben.

Grundsätzlich ist es erlaubt, alle Themen beim Sportpsychologen anzubringen. Ist es ein Thema, das der Sportpsychologe nicht bearbeiten möchte oder kann, so ist er in der Pflicht, dies offen kundzutun. Das können beispielsweise Themen sein, die den Sportpsychologen selbst stark beschäftigen (weil er beispielsweise gerade selbst unter Liebeskummer leidet und es nicht schafft, Berufliches und Privates zu trennen) – ein guter Sportpsychologe kennt sich und weiß, wo er allenfalls Grenzen hat. Das ist menschlich. Es können aber auch Themen sein, wo er die falsche Ansprechperson ist, sei es, weil er sich z. B. mit schulischen Herausforderungen zu wenig auskennt oder der Sportler psychisch angeschlagen ist und in entsprechende Obhut gehört. Dies gilt es, vorab zu klären.

Ansonsten verläuft Hürde eins ähnlich wie oben beschrieben. Meist wird telefonisch Kontakt aufgenommen und dann ein Erst-/Kennenlerngespräch ausgemacht. Im Anschluss werden erste Ideen notiert und ein Vertrag zur Zusammenarbeit mit – u. a. – folgenden Punkten aufgesetzt:

- erste Ziele/Ideen
- voraussichtliche Zeitressourcen
- finanzielle Ressourcen (Entgelt pro Sitzung, Pauschale ...)
- Was geschieht bei kurzfristiger Terminverschiebung? Was wird verrechnet?

7. HÜRDE ZWEI – ANALYSE

In der Sportpsychologie wird die Analysephase oft auch Diagnostik genannt. Eine wirkliche Diagnose wird allerdings durch einen Arzt erstellt und gilt der Bestimmung einer körperlichen oder psychischen Krankheit. (Duden)

Eine Analyse ist eine Untersuchung, die «ein Ganzes in seine Bestandteile zerlegt» (Duden). Dies entspricht bei der Arbeit eines Sportpsychologen im Allgemeinen wohl eher der Praxis. Allerdings ist immer die Frage, ob wirklich alles in Bestandteile zerlegt werden sollte. «Der Untersuchungsgang der psychologischen Morphologie ist eine Entwicklungs-Methode, denn sie zerlegt ihren Gegenstand nicht in einzelne Elemente, sondern hält ihn als ein Ganzes fest und geht seinen Drehungen und Wendungen mittels psychologischer Beschreibung und Rekonstruktion nach. Das geht nur, wenn man sich Zeit nimmt und sich mit der Eigenlogik der seelischen Gestalten mitbewegt.» (Salber)

Sollte ein Sportler ein medizinisches Problem haben oder eine psychische Störung vorliegen, ist es, wie erwähnt, die Aufgabe des Sportpsychologen, seinen Klienten weiter zu verweisen. Es sei denn, er ist selber Arzt, Psychiater oder Psychotherapeut.

Die Analysephase oder Erhebungsphase ist aber auf alle Fälle – unabhängig, ob das Ganze in seine Bestandteile zerlegt oder das Ganze rekonstruiert wird – die Phase, in der die aktuelle vorherrschende Situation untersucht werden soll. Das heißt, der IST-Zustand soll aufgenommen und festgehalten werden. Es geht also um das Sammeln von Informationen. Dies geschieht mittels verschiedener Techniken (in Anlehnung an Baumann, 2015). Selbstverständlich können die nachfolgenden Techniken auch während der Zusammenarbeit dann immer wieder in irgendeiner Form verwendet werden.

Persönliches Gespräch

Ein Sportler lebt oft in seinem eigenen Alltag. Vielfach fehlt es ihm an regelmäßigen außersportlichen sozialen Kontakten und wenn diese stattfinden, soll sich das Thema nicht immer nur um seine Trainings und seine Wettkämpfe drehen. Daher ist es vielfach so, dass ein Sportler auch gerne einfach einmal berichtet über sein Leben, seine Freuden und Belastungen. Und wenn – im besten Fall – der Sportler selbst die Zusammenarbeit mit dem Sportpsychologen gesucht hat, ist diese Gesprächsform der einfachste und gewinnbringendste Einstieg in die Zusammenarbeit. Hierbei wird der Sportpsychologe Fragen, wie «Wo steht der Sportler aktuell?», «Wie trainiert er?», «Was ist in den vergangenen Monaten geschehen?», «Hat sich allenfalls etwas verändert?», «Wie ist die Beziehung zum Trainer und zu weiteren Personen im Team?», «Gibt es irgendwelche Konflikte?», «Was sind die Stärken des Sportlers?», stellen. Zudem wird er nachfragen oder Klärungsfragen nutzen, um sicherzugehen, dass er den Sportler richtig verstanden hat. Ansonsten ist das Ziel, den Sportler reden zu lassen. Am Ende sind die Informationen wichtige Erkenntnisse für die weitere Arbeit.

Wie lange ein solches Gespräch dauert, ist sehr unterschiedlich. Es ist jedoch in den seltensten Fällen in 30 Minuten erledigt. Es kann aber u. U. sein, dass der Sportler so viele Informationen mitteilt und immer wieder neue Themenfelder öffnet, dass es sinnvoll sein kann, eine Pause einzulegen (z. B. spazieren gehen) oder ein zweites Treffen auszumachen.

Die Aufmerksamkeit des Sportpsychologen muss während eines solchen Gesprächs sehr hoch sein. Seine Zusatzaufgabe lautet, den Sportler während seiner Aussagen zu beobachten. «Welche Emotionen lösen einzelne Themen aus?», «Wie verändert sich die Mimik und Gestik?», «Was nehme ich als Sportpsychologe bei mir selbst wahr?» und vieles mehr.

Erkundungsgespräch

Ein Erkundungsgespräch kann auch Interview genannt werden. Hierfür stellt sich der Sportpsychologe im Vorfeld einen Katalog mit aus psychologischer Sicht zentralen Fragen zusammen – einen sogenannten Interviewleitfaden. Die Fragen sind dabei meist offen gestellt. Offene Fragen haben den Vorteil, dass keine Antwortvorgaben vorhanden sind, d. h., die Art und der Inhalt der Antwort liegen beim Sportler alleine. Oft werden Fragen auch ganz anders beantwortet, als vom Sportpsychologen bei der Erstellung der Frage gedacht.

Aber genau das ist das Ziel dabei. Zudem leiten sich dabei oft neue Themenfelder ab, zu denen der Sportpsychologe dann spontan weitere Fragen stellen kann.

Solche Erkundungsgespräche sollten in kürzerer Form mit jedem Mannschafts-/ Teammitglied (Schlüsselpersonen) geführt werden. Jede Information ist wertvoll und ein Puzzleteil für ein umfassendes Gesamtbild der IST-Situation.

Beobachtung

Beobachtungen dienen dazu, Verhaltensweisen zu ersehen, die auf psychisch interessante Bedingungen schließen lassen. (Baumann, 2015) Eigentlich sind es immer mehrere Beobachtungen und nicht nur eine einzelne. So wird der Sportler z. B. während eines Trainings beobachtet – allerdings reicht eines meist nicht aus, da schon alleine verschiedene Trainingsarten (Ausdauer, Kraft, eigentliche Sportart etc.) zu unterschiedlichen Zeiten stattfinden werden. Mögliche Beobachtungspunkte sind z. B.: «Wie kommt der Sportler auf den Platz?», «Wie organisiert er sich?», «Welche Absprachen zwischen ihm und seinem Team gibt es?», «Wie ist der Trainingsaufbau?», «Wie sind die Trainingsbedingungen?», «Wie ist die Atmosphäre vor, während und nach dem Training?» Dann gehört, wenn immer möglich, die Beobachtung eines Wettkampfes / eines Ernstkampfes dazu.

Bei Beobachtungen sollte mit anderen Worten auf alles, was sich zeigt, geachtet und notiert werden. Hierfür ist es für den Sportpsychologen wichtig, sich auf die Situation einzulassen. Was nimmt er wahr – was empfindet er? Was erkennt er?

Selbstbeobachtung

Bei dieser Form der Beobachtung wird dem Sportler eine Aufgabe gegeben, in der er sich selbst beobachten soll (immer nur eine Aufgabe auf einmal!). «Die Selbstbeobachtung hat die Lenkung des Bewusstseins auf eigene Gedanken, Gefühle, Verhältnisse oder Reaktionen zum Ziel.» (Baumann, 2015, S. 36 ff.) Dank der Selbstbeobachtung ist es möglich, vom Sportler Informationen zu seinen Erlebniswelten zu erhalten. «Für den Sportler ist die Selbstbeobachtung ein hervorragendes Mittel, sich mit den eigenen Verhaltensbedingungen, den Ängsten, den Befürchtungen oder Konflikten auseinanderzusetzen.» (Baumann, 2015, S. 36 ff.) Diese Selbstbeobachtung soll der Sportler im Anschluss dem Sportpsychologen detailliert beschreiben. Das Wort «beschreiben» ist bewusst gewählt. Es ist mehr als nur «erzählen»! Jede Kleinigkeit zählt. Als Beispiel ein Freiwurf beim Basketball: Normalerweise würde ein Spieler erzählen: «Ich bekomme den Pfiff, stelle mich an die Linie, dribble den Ball dreimal und werfe.» Das kann der Sportpsychologe selbst beobachten. Doch was geschieht mit dem Sportler, wenn er den Pfiff hört. «Was fühlt, erlebt er?», «Wie ist das Gefühl des Balles, wenn er an der Linie steht?», «Wohin schaut er, wenn der Ball seine Hand verlässt?» So lassen sich sportpsychologische Interventionen erarbeiten.

Fremdbeobachtung
Hierbei wird z. B. einem Mannschaftsmitglied die Aufgabe gestellt, den Kollegen (mit klarem Auftrag) zu beobachten. Das eine Teammitglied erklärt später dem Kollegen – in Anwesenheit des Sportpsychologen –, was aufgefallen ist. Auch diese Erkenntnisse können für die Ableitung von Interventions-Möglichkeiten genutzt werden. Zudem kann diese Form auch die Kommunikation untereinander und das Vertrauen stärken.

Lebenslaufanalyse
Diese Analyse eignet sich vor allem für junge Sportler. Der Lebenslauf wird in zweierlei Richtungen untersucht (Baumann, 2015):

- allgemeine Fragen zu Interessen neben dem Sport, Fragen zu Beruf bzw. Schule sowie zur Freizeitgestaltung
- persönlichkeitsorientierte Fragen zu sozialen Bindungen, besonderen Leistungen im und neben dem Sport, Selbstcharakterisierung oder Verletzungen

In Abwandlung kann z. B. auch eine Lebenslinie erstellt werden. Was waren prägende Ereignisse im bisherigen Leben des Sportlers im positiven wie auch im herausfordernden Sinne?

Fragebogen
Es gibt eine große Auswahl von Fragebögen, die für Sportler-Abklärungen vorhanden sind. Die meisten dieser Fragebögen zielen darauf ab, eine psychische Bedingung abzufragen, wie z. B. die Leistungsmotivation. Ein Fragebogen wird dem Sportler gegeben und er füllt ihn aus. Die Auswertung geschieht nach den Vorgaben des Fragebogenerstellers. Fragebögen sind ein gutes Instrument, wenn die sportpsychologische Arbeit auf ein bestimmtes Themengebiet abzielt oder mit der ganzen Mannschaft an einem Thema gearbeitet werden soll, wie eben erwähnt z. B. an der Leistungsmotivation. Ist kein klares Thema vorhanden, sondern dienen die Fragebögen dazu, einen Überblick über verschiedenen Themengebiete zu erlangen, ist beim Einsatz der Fragebögen Vorsicht geboten und der Sportler entsprechend aufzuklären. Eingesetzte Fragebögen ohne klare Informationen, wofür sie dienen,

können zu Verwirrungen und Unsicherheit führen und werden u. U. nicht mit voller Konzentration bzw. Seriosität ausgefüllt.

Bei Fragebögen möglichst nie von Tests sprechen. Die Praxis zeigt, dass beim Wort «Test» – insbesondere von jungen Sportlern – oft der Bezug zur Schule und damit zur Bewertung hergestellt wird. Ein Fragebogen stellt aber keine Leistungsbewertung des Ausfüllers dar, sondern zielt – wie alle anderen Erhebungsmethoden – auf die Informationssammlung zur Erstellung einer IST-Situation ab.

Bei dieser Phase geht es oftmals auch darum, dass der Sportpsychologe ein Verständnis über die Sportart bzw. wie der Sportler in dieser agiert, erhält. Auch wer Ahnung von einer Sportart hat, sollte sich nicht verleiten lassen, Dinge als gegeben hinzunehmen. Jeder Mensch ist individuell, und das sollte nie aus den Augen verloren werden!

Bei der Analyse geht es also um psychologische Erkenntnisgewinnung. «Jeder Versuch, das Verhalten eines Sportlers zu beeinflussen und zu verändern, setzt Kenntnisse seiner spezifischen Verhaltensbedingungen voraus.» (Baumann, 2015, S. 36) So kann z. B. ein Leistungsabfall auf fehlendes Training, zu hohen Erwartungsdruck oder auf ein persönliches Problem zurückzuführen sein. (Baumann, 2015)

Die Analysephase ist eine ernst zu nehmende, nicht zu unterschätzende Arbeit und benötigt Zeit. Nur wer diesen Arbeiten den nötigen Fokus zuteilwerden lässt, wird im weiteren Verlauf der Arbeit auf einer soliden Grundlage aufbauen können. Dennoch sollen nie alle Analysemethoden auf einmal genutzt werden. Gespräche und Beobachtungen sind aber wichtige Werkzeuge. Alle anderen sollten nach Bedarf bzw. je nach Situation eingesetzt werden.

Seriös arbeitende Sportpsychologen werden all diese Arbeit (Gespräche und Beobachtungen) in irgendeiner Form schriftlich protokollieren. Bei den Auswertungen darf erwartet werden, dass der Sportpsychologe alle gesammelten Informationen so aufbereitet, dass daraus psychische Belastungen, Verbesserungspotenziale auf psychischer Ebene oder andere relevante Erkenntnisse/Muster des Sportlers herausgelesen bzw. vor allem erläutert werden können. Der Sportpsychologe wird also nicht einfach alltagspsychologisch Punkte aufzählen, sondern diese mit Beispielen oder anhand von Mustern aufzeigen können. Diese Arbeit erfordert das während der Ausbildung erlernte Wissen sowie Erfahrungen eines Sportpsychologen. Auf dieser Basis wird im Anschluss weitergearbeitet.

Es kann durchaus vorkommen, dass bereits in einem ersten Gespräch offensichtlich wird, wo die Herausforderungen liegen. Auch da wird der Sportpsychologe am Ende aufzeigen können, was sich für ihn gezeigt hat, und entsprechend der folgenden Hürden agieren. Einfach etwas schneller. Diese Form wird dann oft zu einer reinen Coaching-Form (vgl. Einzelcoaching).

7.1.1. DAS BEISPIEL – ANALYSE

BEISPIEL

Ich werde im ersten Schritt mit einem persönlichen Gespräch mit der Sportlerin beginnen und bei den anderen Personen die Form des Erkundungsgespräches wählen. In der Folge wird vereinfacht dargestellt, was dabei herauskommt.

Persönliches Gespräch

«Die Sportlerin und ich klären vorneweg, wie wir dem Trainer gegenüber kommunizieren werden. Grundsätzlich sind die Inhalte, die sie mir anvertraut, bei mir sicher. Wir einigen uns darauf, dass ich nach der Analysephase zuerst mit ihr die Auffälligkeiten besprechen werde und wir im Anschluss klären, was und wie der Trainer und die anderen Beteiligten davon erfahren sollen.

Anschließend beschreibt sie mir, wie sie zum Hürdenlauf gekommen ist. Die Eltern wären beide erfolgreiche Leichtathleten gewesen – die Mutter Sprinterin, der Vater Zehnkämpfer. Sie betreibe diese Sportart, seit sie sich erinnern könne. Klar sei zuerst das normale Laufen gewesen. Doch sie hätte sich immer Hindernisse in den Weg gelegt. Sie erzählt freudig. Die Trainings seien ab und an schon sehr hart. Sie trainiere fünf- bis sechsmal auf der Bahn und zwei- bis viermal außerhalb. Außerhalb sei es Kraft und Stabilisation, aber auch mal Ausdauer. Auch die würde laufend absolviert. Da würde sie es spannender finden, auch mal eine andere Sportart auszuprobieren. Generell sei es so, dass die Trainings oft sehr ähnlich gestaltet seien. Da gäbe es vermutlich nicht so viele Alternativen. Die Trainer seien sehr nett. Sie komme gut klar mit beiden – sowohl mit dem Hürden- als auch dem Athletiktrainer. Persönliche Dinge würde sie aber nur dem Physiotherapeuten erzählen. Er sei ihr «offenes Ohr». Als sie das erste Mal verliebt gewesen sei, habe sie es ihm umgehend erzählt. Der Trainer müsse so was nicht wissen. Gerade sei sie auch wieder verliebt – ganz frisch – und wolle ganz viel Zeit mit dem neuen Freund verbringen. Wüsste es der Trainer, würde er vermutlich nur sagen, dass das hinderlich für ihre Karriere sei. Sie würde schon gerne mal an Weltmeisterschaften teilnehmen. Die Teilnahme wäre schon ein Erfolg.

Alles andere ein Traum. Manchmal träume sie. Dann wäre sie zuoberst auf dem Podest einer Weltmeisterschaft und die Hymne würde gespielt. Aber zuerst müsse sie ja mal ihre Zeiten abrufen können. Die Übelkeit bzw. die Bauchschmerzen kämen immer erst unmittelbar vor dem Start. Das Aufwärmen sei kein Problem. Wenn sie einlaufe und sich ihrer Trainingskleidung entledigen würde, würde das Unwohlsein beginnen. Sie wünsche sich dann, dass sie gar nicht im Stadion wäre oder der Lauf schon der Vergangenheit angehören würde. Aber dann sage sie sich, dass sie ja beweisen müsse, dass sie sich vor allem zeittechnisch verbessert habe. Ganz schlimm sei die Übelkeit, wenn sie sich zum Startblock begäbe. Dort würde sie sich versuchen zu lockern und sich dann hinknien. Da würde sie auch immer daran denken, wer alles zuschaue – vor allem der Trainer und die Mutter seien da präsent. Ihr Puls sei dann schon sehr hoch – viel zu hoch bzw. viel höher als im Training. Nicht nur fünf bis zehn Schläge. Richtig viel höher! Nach dem Startschuss laufe sie los. Dann sei alles Automatismus. Denken würde nicht mehr gehen. Übelkeit hätte sie dann auch keine mehr. Im Ziel sei sie dann jeweils enttäuscht, dass die Zeit nicht besser sei, und würde sich über sich selbst ärgeren, dass sie auch dieses Mal nicht ohne Übelkeit habe durchkommen können – dabei habe doch das Rennen durchaus auch etwas Freude bereitet.

Ausnahmen habe es früher gegeben. Diese Übelkeit sei ja erst neueren Datums. Erst seit sie nur noch bei der Elite starten würde. Der Trainer finde, die anderen Läufe seien zu einfach. Zudem liege ihr aktuell gerade das Abitur auf dem Magen. Sie sei eine gute Schülerin, doch sie wolle halt schon einen guten Notenschnitt. Sie wisse, dass sie nicht immer vom Sport leben könne, und da sei ihre Mutter sehr dahinter. Die Mutter habe den Schulabschluss verpasst und nur auf die Karte Sport gesetzt. Das bedauere sie. Sie habe ein gutes Verhältnis zur Mutter. Manchmal sei es etwas anstrengend, dass sie viel nachfragen würde zu Schule und Training. Auch fahre die Mutter sie immer von der Schule zum Training. Das sei halt schon immer so gewesen. Manchmal würde sie aber schon alleine unterwegs sein. Sie sei ja nun auch volljährig. Aber die Mutter meine es ja nur gut.»

Trainer und Athletiktrainer

«Die Gespräche mit dem Trainer und dem Athletiktrainer ähnelten sich. Die beiden würden sich trainingstechnisch absprechen, haben ihre klaren Vorstellungen, wie ein Training aussehen soll, und sind der Meinung, dass es der Sportlerin an Selbstvertrauen mangele. Von ihrer Seite gehe kein Druck aus – vielleicht manchmal von den Eltern. Das sei aber bestimmt nicht bewusst.»

Physiotherapeut
«Er bestätigt das «offene Ohr». Er stelle immer wieder fest, dass die junge Lady (wie er sie nennt) von Dingen außerhalb des Sportes abgelenkt werde. Das seien natürlich die Schule, aber auch Freunde. Und jetzt sei sie ja wieder frisch verliebt ... Das würde sicherlich eine Herausforderung für die Lady, da sie dann nicht priorisieren könne.»

Vereinsverantwortlicher
«Er erzählt mir vor allem, welche Ziele der Verein mit der jungen Dame habe. Ein riesengroßes Talent sei sie. Weltmeisterschaften in zwei Jahren sollten drin sein und so in vier Jahren dann ein Titel. Mit den Eltern würde dies so kommuniziert. Die Sportlerin wisse nichts von den Plänen – zumindest nicht von ihm.»

Ich frage beim Trainer und der Sportlerin nach, ob es sinnvoll bzw. möglich wäre, auch mit den Eltern ein Gespräch zu führen. Da ich für diese Analyse eine Pauschale ausgemacht hatte, lag das nun in meiner Verantwortung. Mir war aber das Gesamtbild wichtiger. Alle bejahten, und so sprach ich auch noch mit der Mutter.

Mutter
«Sie war erfolgreich als Sportlerin. Doch ganz nach oben habe es nie gereicht. Sie würde alles tun, um ihrer Tochter den Traum eines Titels zu ermöglichen. Dafür würde sie sie auch mit dem Auto von der Schule abholen und ins Training fahren. So habe die Tochter etwas mehr Ruhe und Zeit zu regenerieren.»

Bei den Beobachtungen stelle ich fest, dass die Sportlerin nicht mit der gleichen Überzeugung ans Werk geht, wie sie mir geschildert hat.
Ich halte all meine Informationen schriftlich fest.

Es zeigt sich in einem ersten Schritt (nicht abschließend – dient als Idee), dass das Eigen- und Fremdbild der Sportlerin nicht übereinstimmt und sich das negativ auf das Selbstvertrauen auswirkt. Zudem ist unklar, ob die Sportlerin oder ihre Mutter den erwähnten Traum hat (vielleicht lässt sich die Sportlerin daher auch gerne durch Freund etc. ablenken). Hierfür wäre sicher etwas mehr Abgrenzung der Mutter bzw. Eigenständigkeit (Priorisierung) der Sportlerin hilfreich. Zudem wünscht sich die Sportlerin im Training mehr Abwechslung und Wettkämpfe in ihrer Altersklasse.

7.2. EINZELCOACHING – ANALYSE

Im Einzelcoaching gestaltet sich die Analysephase etwas vereinfacht und hat auch immer gleichzeitig einen Interventionscharakter. Das meiste geschieht über das persönliche Gespräch. U. U. können ein Trainingsbesuch oder eine Selbstbeobachtung interessant sein. Sind aber nicht zwingend notwendig.

Auch im Einzelcoaching-Gespräch geht es darum, viele Fragen zu stellen. Dabei geschieht bereits eine Intervention, da der Sportler zum (Nach-)Denken bzw. Reflektieren seines Tuns angeregt wird. Die Aufgabe des Sportpsychologen ist dabei sehr vielschichtig (darauf wird weiter hinten im Kapitel 10 nochmals eingegangen). Er wird zu-, oder noch besser: hinhören; beobachten, wie sich der Sportler verhält; er wird auf seine eigenen Regungen hören und die ganze Situation aus einer Vogelperspektive (Meta-Ebene) beobachten. Zudem hört er genau hin, welche Worte ein Sportler für seine Beschreibungen wählt. Worte sagen sehr viel aus und werden nicht per Zufall gewählt – allerdings oftmals unbewusst.

Während dieses Prozesses werden immer mal wieder bereits «konkrete» Interventionen – also solche, die auch dem Sportler als solche sofort auffallen – eingesetzt. Da gibt es eine Vielzahl und die sind individuell bzw. fallbezogen auszusuchen. Hier ein paar Beispiele:

- Um den Sportler noch besser kennenzulernen oder allenfalls Muster zu erkennen, lässt sich mit Story-Telling-Würfeln einzeln würfeln. Zu jedem gewürfelten Symbol soll im Anschluss der Sportler zuerst mal sagen, was er sieht. Daraufhin soll er beschreiben, womit er es in Verbindung bringt und was ihm sonst noch so alles in den Sinn kommt dazu etc. Mit etwas Geduld erzählt der Sportler ganz viel, was gar nicht mehr alleine mit dem Würfel bzw. dem Symbol zu tun hat.
- Bei mangelndem Selbstwert kann mit Stärken gearbeitet werden: «Schreibe 20 Dinge auf (am besten auf einzelne Post-its), die du gut kannst, die dich auszeichnen, die andere an dir schätzen.» Vermutlich braucht der Sportler dabei etwas Unterstützung. «Was würde dein Trainer, deine Mutter, dein Freund ... sagen?» Daraufhin soll der Sportler diese Zettel vor sich hinlegen oder sogar in einem Kreis auf den Boden, sodass er sie lesen kann, wenn er sich in den Kreis hineinstellt. Und dann wird dem Sportler die Frage gestellt, wie es für ihn wirke, und der Sportpsychologe hört hin, was er zu berichten hat, stellt Nachfragen und lässt Raum, die Begriffe wirken zu lassen.

- Wenn ein Sportler in einem Spiel in negativen Situationen hängen bleibt, kann über einen Gegenstand, der dem Sportler nur Positives bedeutet, eine Collage erstellt werden. Zeichnung des Gegenstandes in Form der Gefühle, die er dafür hat, Gefühle mit Worten benennen, das Ganze mit Blatt mit Zitat und/oder Lebensmotto erweitern und am Ende mit einem Titel versehen. Daraufhin den Transfer in die negative Situation bei einem Spiel machen. Das löst ein gutes Gefühl aus und der Sportler hat dann in einer «negativen Spielsituation» die Möglichkeit, sich daran zu erinnern (ans ganze Bild, an einzelne Teile, an den Ursprungsgegenstand, an den Prozess etc.). Der Rest ist über den Prozess unbewusst gespeichert.
- Bei Konzentrationsschwierigkeiten kann mittels einer Zahlenübung gearbeitet werden. Auf einem Blatt befinden sich wild verteilt Ziffern/Zahlen von 0 bis 99. Die Aufgabe wird sein, bei einer vom Sportpsychologen genannten Zahl zu beginnen und in einer vorgegebenen Zeit so viele Zahlen wie möglich aufsteigend anzukreuzen. Der Sportler soll zudem im Vorfeld mitteilen, wie weit er zu kommen gedenkt, und der Sportpsychologe soll immer mal wieder die noch verbleibende Zeit ansagen. Das steigert die Konzentration, lässt aber auch Beobachtungen zum Umgang in Drucksituation zu.

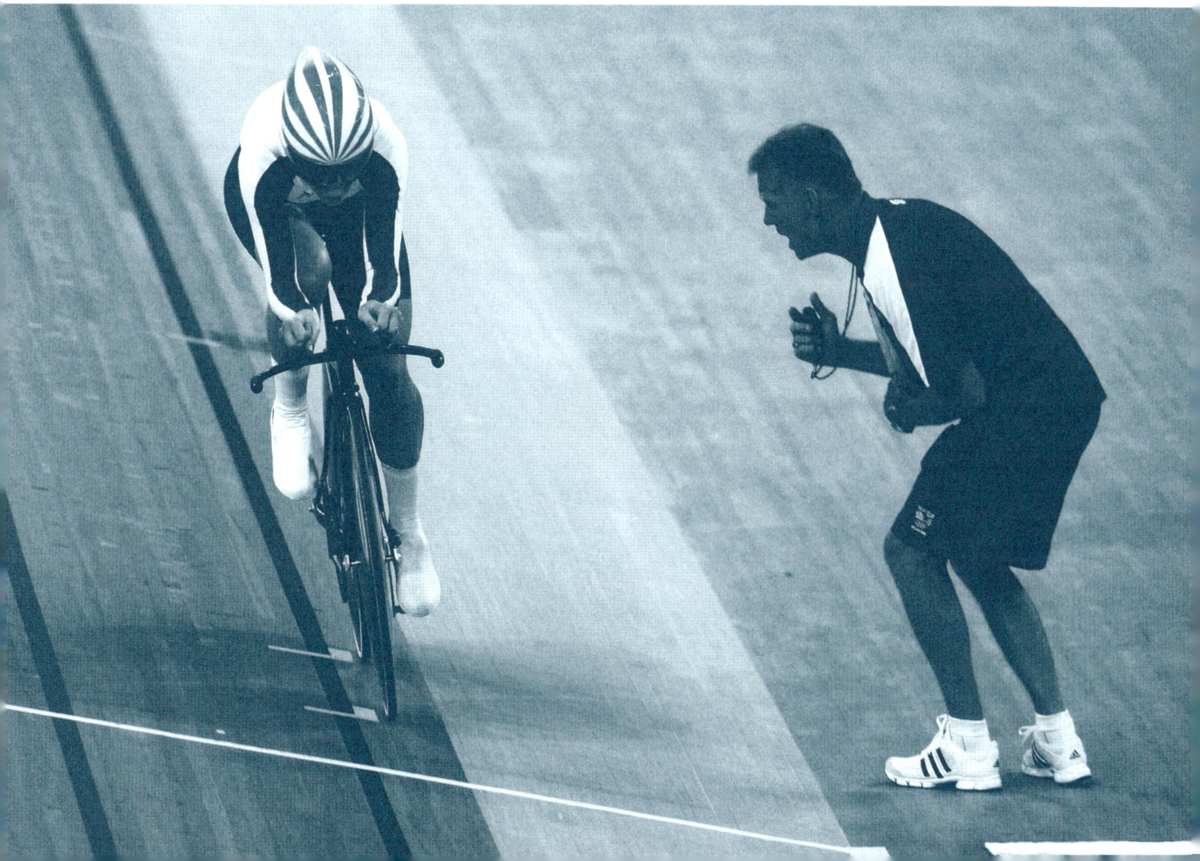

8. HÜRDE DREI – KONZEPT

Sobald die Analysephase abgeschlossen ist, d. h. alle Erhebungen ausgewertet und die ersten möglichen Muster erkannt sind, setzt sich der Sportpsychologe mit dem Projektteam zusammen und bespricht im Detail seine Erkenntnisse und Schlussfolgerungen. Dieser Schritt ist in zweifacher Hinsicht von großer Bedeutung. Zum einen bekommt der Sportler zu sehen, wofür die vorangegangene Arbeit notwendig war, zum anderen wird er besser nachvollziehen können, wie es zu gewissen Schlussfolgerungen gekommen ist, da er direkt nachfragen kann. Er hat zusätzlich die Möglichkeit zu intervenieren, falls er sich mit irgendeiner Erkenntnis des Sportpsychologen nicht identifizieren kann (bitte keine Rechtfertigungen zulassen, die bringen niemanden weiter).

Wie gesagt, es handelt sich bei der sportpsychologischen Unterstützung um eine enge Zusammenarbeit. Wer einem Sportler Dinge fix und fertig vorsetzt, wird Gefahr laufen, auf Widerstände zu treffen. Dieser Arbeit sind genügend Raum und Zeit einzuräumen. Wenn Widerstände entstehen sollten, müssen diese von Seiten des Sportpsychologen umgehend geklärt werden. Dafür muss der Sportpsychologe seine Gedankengänge erklären und begründen, und zwar in einer für den Sportler verständlichen Form. Der Sportler seinerseits sollte daraufhin versuchen zu erklären, warum er nicht einverstanden ist damit oder warum er sich unwohl fühlt dabei. Vielfach ist es ein negatives Gefühl, das den Sportler beschleicht. Nicht selten aufgrund der Tatsache, dass das vom Sportpsychologen Gesagte stimmt, der Sportler es aber nicht hören möchte. In solchen Fällen sind Fingerspitzengefühl und Geduld von beiden Seiten gefragt. Vielfach ist es sinnvoll, das Gespräch zu unterbrechen, um dem Sportler Bedenkzeit zu geben. So kann Gesagtes nachwirken. Diese Nachwirkung und Auseinandersetzung mit sich und dem Gesagtem braucht ein Sportler. Es geht ja darum, den blinden Fleck aufzuzeigen, und der kann durchaus auch mal schmerzhaft sein. Es ist somit nicht das Ziel, den Sportler mit Samthandschuhen anzufassen, ihn aber auch nicht vor den Kopf zu stoßen. Ein erfahrener Sportpsychologe wird den Sportler entsprechend begleiten und spüren bzw. erfragen, wenn der angesprochene Zustand erreicht wurde. Daraufhin hat der Sportler Zeit, sich seine eigenen Gedanken zu machen und sich allenfalls mit anderen Personen auszutauschen. Dafür muss dem Sportler so viel Zeit eingeräumt werden, wie er benötigt – auch wenn dabei die Gefahr besteht, den Zeitplan nicht einhalten zu können. Kehrt der Sportler zum Sportpsychologen zurück, ist es wichtig zu klären, wie es dem Sportler nun geht.

Entscheidet sich der Sportler, dass er in der weiteren Arbeit nicht auf diesen Punkt eingehen möchte, ist dies vom Sportpsychologen und allen anderen involvierten Personen zu respektieren – auch wenn alle anderen anderer Meinung sind! Natürlich kann dann der Sportpsychologe auch entscheiden, dass eine Zusammenarbeit so nicht erfolgreich sein kann, und sie u. U. abbrechen. Entscheidet der Sportpsychologe sich, mit dem Sportler auch unter den neuen Umständen zu arbeiten und entsprechend die Bedürfnisse des Sportlers zu akzeptieren und zu respektieren, gilt es für den Sportpsychologen, die Entscheidung – so wie dann gemeinsam festgelegt – nach außen zu vertreten und immer voll und ganz dahinter zu stehen. Es darf nicht sein, dass ein Sportpsychologe am Ende einer Zusammenarbeit, die nicht den gewünschten Erfolg gebracht hat, Vorwürfe gegen die Entscheidung des Sportlers laut werden lässt. U. U. ist es sinnvoll, die Analysephase noch einmal zu beleuchten.

Im besten Falle (und aus Praxiserfahrung meistens) verläuft diese Phase natürlich derart, dass der Sportler seine aufgezeigten Herausforderungen erkennt und die Unterstützung entsprechend annehmen will. Darauf basierend, können dann Ziele erarbeitet werden.

8.1.1. DAS BEISPIEL – KONZEPT

BEISPIEL

Wie erwähnt, zeigte sich in der Analysephase, dass das Eigen- und Fremdbild der Sportlerin nicht übereinstimmt und sich das negativ auf das Selbstvertrauen auswirkt. Zudem ist unklar, ob die Sportlerin oder ihre Mutter den erwähnten Traum hat (vielleicht lässt sich die Sportlerin daher auch gerne durch Freund etc. ablenken). Hierfür wäre sicher etwas mehr Abgrenzung der Mutter bzw. Eigenständigkeit (Priorisierung) der Sportlerin hilfreich. Zudem wünscht sich die Sportlerin im Training mehr Abwechslung und Wettkämpfe in ihrer Altersklasse.

Darüber spreche ich wie ausgemacht zuerst mit der Sportlerin und zeige es ihr anhand von Beispielen aus ihrem Gesagten auf. Sie ist überrascht, welchen Einfluss u. a. ihre Mutter zu haben scheint. Sie möchte gleich wissen, was wir nun tun können.

Sie will unbedingt ohne Übelkeit Rennen laufen. Und sie wolle es nur für sich. Das betont sie mehrfach. Es zeigt sich Widerstand. Darauf angesprochen, meint sie, dass es sie schmerze, dass sie sich so beeinflussen lasse. Sie wolle es wirklich selbst. Dann würde sie sich einfach von ihrem Freund trennen. Ich zeige ihr auf, dass das u. U. nicht nötig sei. Zudem wolle sie unbedingt an sich selbst arbeiten. Sei es hinsichtlich ihres offensichtlich doch nicht so großen Selbstvertrauens als auch in der Abgrenzung zur Mutter. Doch bevor wir mit der Planung der Interventionen beginnen können, wollen wir mit allen Beteiligten sprechen. Sie bittet mich, es den anderen aufzuzeigen und auch ihre Mutter einzuladen. Das mache ich und erkläre allen meine Analysen. Parallel beginne ich, einzelne Interventionsmöglichkeiten einzustreuen und zu erklären, die sich aus meiner Sicht als passend anbieten könnten.

8.2. ZIELFINDUNG

Zu den Zielen wurde in Kapitel 2 schon einiges geschrieben. Ziele sind immer der Hauptimpulsgeber für Veränderungen und beschreiben den Zustand, der erreicht werden soll. (Doppler & Lauterburg, 2002) In der Zusammenarbeit mit dem Sportpsychologen sind Ziele in zweifacher Hinsicht wichtig. Zum einen wird daran der Projekterfolg gemessen, zum anderen dienen sie der Motivation aller am Projekt Beteiligten. Ziele lassen eine Handlung in einen für den Menschen sinnvollen Kontext bringen (Meyer, 2011) und steigern die Bereitschaft, eine Arbeit zu erledigen (Baumann, 2015). Es ist ein elementarer Schritt und braucht höchste Aufmerksamkeit. Ein Sportpsychologe darf die Ziele nie vorgeben, sondern muss sie mit dem Sportler erarbeiten. Der Sportpsychologe ist aber verantwortlich, dass die Ziele am Ende so auf den Sportler abgestimmt sind, dass sie umgesetzt werden können.

Ziele sind immer positiv zu formulieren und nur klar formulierte Ziele, die zudem messbar sind, können erreicht werden. Dieses Erreichen «beinhaltet das Erlebnis des Erfolges und fordert neue Zielsetzungen heraus» (Baumann, 2015, S. 171 ff.).

Grundsätzlich werden immer Hauptziele (z. B. das Erreichen der Qualifikationskriterien für die nächsten Olympischen Spiele) sowie Unter- oder Zwischenziele (z. B. Erlernen einer neuen Technik, Steigerung der Ausdauer), die das Erreichen der Hauptziele unterstützen, definiert. Sowohl die Hauptziele als auch die Unter- und Zwischenziele zeichnen sich dadurch aus, dass die Chancen zur Erreichung aufgrund der Fähigkeiten des Sportlers groß sind. (Baumann, 2015) Es gilt immer darauf zu achten, dass Ziele ein Gleichgewicht zwischen Unter- und Überforderung für einen Sportler darstellen. Es kann durchaus sein, dass umstehende Personen finden, das Ziel sei für den Sportler realistisch. Hat der Sportler aus seiner Sicht das Gefühl, er könne das Ziel nie erreichen, dann wird er es auch nie erreichen – dort wäre natürlich sinnvoll zu klären, was hinter diesem Respekt steckt und vielleicht zuerst dieser Punkt zu bearbeiten.

Empfindet der Sportler die Zielsetzung als zu einfach, wird es u. U. dazu führen, dass ihm die Motivation und somit die Bereitschaft, auf das Ziel hinzuarbeiten, fehlen.

Bei Mannschaften ist die Herstellung des Gleichgewichts zwischen Unter- und Überforderung eine besondere Herausforderung, da jedes Mannschaftsmitglied eine andere Empfindung diesbezüglich haben wird. Daher gilt es bei Mannschaften, immer ein übergeordnetes Mannschaftsziel zu definieren, mit dem sich alle Mitglieder identifizieren können. Zur Unter- bzw. Überforderungs-Prophylaxe sind Individualziele für die einzelnen Sportler hilfreich und auch zielführend.

Baumann geht hier noch einen Schritt weiter und sagt, dass vor der Definition der Hauptziele sogenannte Wunschziele sinnvoll sind. «Das Träumen von Wunschbildern, das ‹Sich-Vorstellen›, etwas zu erreichen, ohne dass man es wirklich erwartet, verhindert das Auftreten von Leistungsbarrieren.» (Baumann, 2015, S. 171 ff.)

Jedes Ziel soll bis zu einem gewissen Zeitpunkt erreicht werden. Dabei werden die Ziele unterteilt in lang-, mittel- und kurzfristige Ziele. Es liegt auf der Hand, dass das Hauptziel das langfristige Ziel ist, die Unter- und Zwischenziele somit mittel- und kurzfristige Ziele. Unter langfristigen Zielen werden grundsätzlich Ziele verstanden, die sich über einen Zeitraum von bis zu fünf Jahren erstrecken können. Die mittelfristigen Ziele haben einen Zeitrahmen von – normalerweise – ein bis drei Jahren und kurzfristige Ziele somit unter einem Jahr. Nun ist es in der Praxis aber meist so, dass ein Sportpsychologe nicht für fünf Jahre gebucht wird. Daher gilt das gesetzte Hauptziel als das langfristige und die anderen Ziele müssen entsprechend gesetzt werden. Aber aufgepasst, es ergibt keinen Sinn, Unter- oder Zwischenziele zu setzen, wenn das Hauptziel in wenigen Wochen erreicht werden soll (z. B. Ligaerhalt einer Fußballmannschaft).

Ziele können auch Gefahren in sich bergen. So kann es vorkommen, dass zu viele Ziele gesetzt werden. Optimal ist ein Hauptziel und zwei bis drei Unter- oder Zwischenziele. Des Weiteren schaffen Ziele einen Erwartungsdruck, können eine mentale Blockierung zur Folge haben oder es kann geschehen, dass andere wichtige Faktoren vernachlässigt werden. Die Aufgabe des Sportpsychologen ist es, im weiteren Verlauf der Zusammenarbeit diese Gefahren im Auge zu behalten und einzuschreiten, falls sich das eine oder andere bemerkbar machen sollte.

Wie erwähnt, sind gut formulierte Ziele immer messbar. Messbare Ziele sind sogenannte *«SMARTe»* Ziele.

Specific
Was genau soll erreicht werden? Was wird angestrebt? Wer ist beteiligt? Ein Ziel muss eindeutig und positiv definiert sein. Wer sich als Ziel setzt, einer Mannschaft zu helfen, dass sie motivierter ans Werk geht, der will an sich etwas Gutes tun. Doch was heißt «motivierter ans Werk gehen»?
Measurable
In der Zielformulierung muss ein klarer Erreichungsgrad benannt werden, der mittels einer Zeit-, Größen- oder anderen Beurteilungs-Angabe, die definiert ist, erzielt werden kann.
Activating
Jeder Zieldefinierung liegt die Frage, ob das Ziel der Motivation dient, zugrunde. Zudem muss sichergestellt werden, dass das Ziel von allen Projektbeteiligten akzeptiert wird.
Reasonable
Ist die Zielsetzung für den Sportler erreichbar? Besitzt der Sportler die nötigen Fähigkeiten zur Zielerreichung?
Time-bound
Bis wann bzw. in welchem Zeitraum soll das Ziel erreicht werden?

Hier ein paar Beispiele von Zielformulierungen:

Suboptimale Zielsetzung
Der Brustbeinschlag des Schwimmers soll optimiert werden.
Gute Zielsetzung
Korrektur des asynchronen Brustbeinschlags des Schwimmers bis 30. Juni.

Suboptimale Zielsetzung
Der Zusammenhalt der Mannschaft soll verbessert werden.
Gute Zielsetzung
Teambildungsmaßnahmen (Besuch Kletterpark, Suche eines gemeinsamen Mannschaftssongs) werden bis zum 30. September umgesetzt.

Suboptimale Zielsetzung
Der Sportler soll die Olympialimite erreichen.
Gute Zielsetzung
Am Berlin-Marathon eine Zeit von unter 2:14:00 laufen und damit die Olympiaqualifikation erreichen.

Wie schon erwähnt, gibt es u. U. Momente, wo Ziele nicht nach der SMART-Methode definiert werden sollten. Wenn der Druck zu groß oder die Messbarkeit keinen Sinn ergibt bzw. Subjektivität besser geeignet ist, dann sollte dies entsprechend berücksichtigt werden. Ein guter Sportpsychologe trägt diesem Punkt Rechnung.

Alle Ziele sind in jedem Fall schriftlich festzuhalten und an alle am Projekt beteiligten Personen zu kommunizieren. Da diese Ziele als Motivationsgrundlage dienen, eignen sie sich wunderbar, um in der Umkleide oder sonst an einem für den oder die Sportler wichtigen Ort für alle gut sichtbar aufgehängt zu werden. Ein Trainer kann so auch immer wieder darauf verweisen.

Obschon ein Projekt so aufgebaut ist, dass alle weiteren Schritte auf der Zieldefinition basieren, ist es ratsam, während des ganzen Projektes immer mal wieder zu überprüfen, ob die gesetzten Ziele auch erreicht werden können. Sollte dies nicht der Fall sein – z. B. aufgrund einer Verletzung – ist es unabdingbar, im Projekt einen Zwischenstopp einzulegen und zu diesem Punkt zurückzukehren und von hier aus neu zu starten.

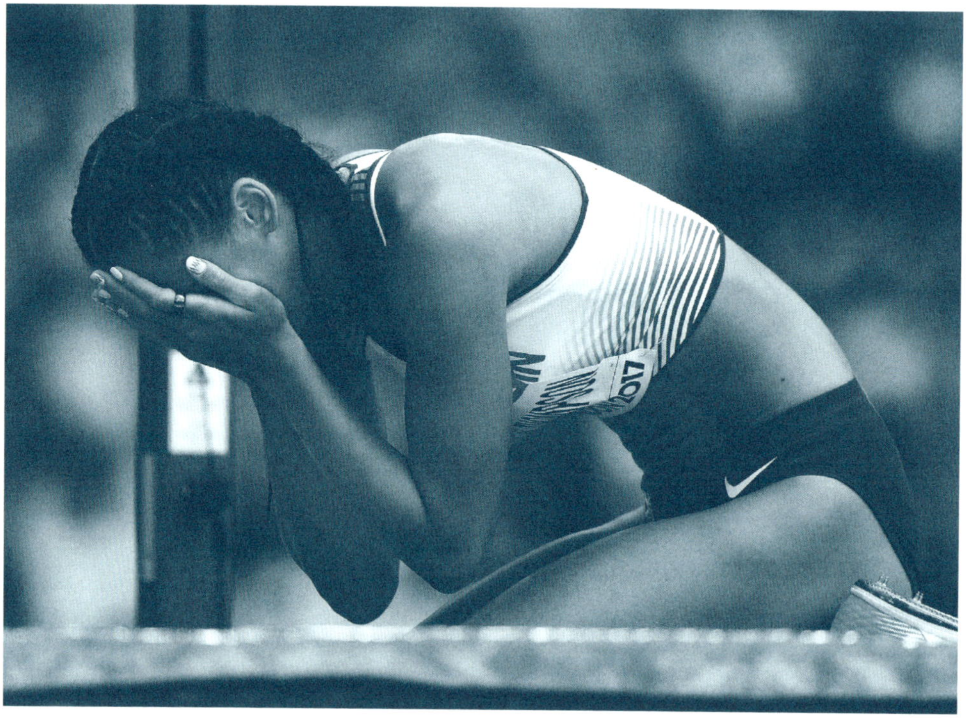

8.2.1. DAS BEISPIEL – ZIELFINDUNG

BEISPIEL

Es geht nun also um die Zielsetzung. Aus meiner Sicht bin ich vorsichtig, mich auf zu leistungsorientierte Ziele festzulegen. Wir einigen uns auf das Folgende:

Trainer
Anreicherung der Trainingseinheiten mit anderen Sportarten. Erste Umsetzung in zwei Wochen.

Mutter
Ab sofort wird die Mutter die Tochter nicht mehr von A nach B fahren ohne deren explizite frühzeitige Anfrage. Die Mutter wird per sofort keine Nachfragen hinsichtlich des Trainings mehr stellen.

Sportlerin
Arbeit an Eigen- und Fremdbild, Selbstvertrauen und an Abnabelung von der Mutter. Absolvierung von zwei Wettkämpfen bei den Juniorinnen – vor dem Hauptereignis.

Hauptziel
Bei einem der Juniorinnen-Wettkämpfe soll die Sportlerin die im Training regelmäßig gelaufene Zeit laufen.

8.3. STRATEGIE

Sobald die Zielfindung abgeschlossen, alles klar definiert und schriftlich verfasst ist, braucht es eine Vorgehensweise, wie die Ziele erreicht werden können. Eine sogenannte Strategie, also ein «genauer Plan des eigenen Vorgehens, der dazu dient, ein ... Ziel zu erreichen und in dem man diejenigen Faktoren, die in die eigene Aktion hineinspielen könnten, von vornherein einzukalkulieren versucht» (Duden).

Ziel der Strategie ist es also, sich bereits in dieser Phase mit der Zukunft zu befassen. Das heißt, der Sportpsychologe und der Sportler stellen sich Fragen, die mit der Zukunft zu tun haben. Z. B.: «Wie sollen die Gespräche mit dem Sportpsychologen in den Trainingsalltag eingebaut werden?» Wer sich solche Fragen stellt, wird schnell merken, dass weitere Punkte beantwortet werden müssen, die sich auf die Umwelt und auf den Sportler selbst beziehen:

Chancen und Risiken
Hierbei geht es um eine Analyse der Umwelt. Es wird immer Faktoren geben, die von außen den Sportler in seiner Arbeit beeinflussen. Dies können Einflüsse der Trainingsmöglichkeiten, des Wetters, von Trainingspartnern, Behörden etc. sein. Z. B. das Umweltrisiko (Wetter) eines Triathleten: Er sollte im Winter möglichst viele Kilometer auf dem Fahrrad trainieren und findet dann den ganzen Winter über schneebedeckte, eisige Straßen vor. Oder eben das Gegenteil als Chance: einen milden Winter. Beides kann eintreffen, für beide Optionen braucht es die Überlegungen, wie bei Eintritt damit umgegangen werden soll. Soll der Triathlet bei gutem Wetter mehr Fahrradkilometer absolvieren bzw. was trainiert er bei schlechtem Wetter? Auch wenn diese Frage am Ende nicht durch den Sportpsychologen geklärt wird, wird er damit u. U. bei den Gesprächen involviert.

Stärken und Schwächen
Hierbei geht es um den Sportler selber. Jeder Mensch hat Stärken und Schwächen. Vielfach sind einem die eigenen Stärken und Schwächen – vor allem in jungen

Jahren – nicht klar bewusst. Sieht der Triathlet beispielsweise das Fahrradfahren als seine Stärke an, wird er u. U. bei einem milden Winter seine anderen beiden Disziplinen vernachlässigen wollen und die Zeit auf dem Fahrrad verbringen. Oder ein Sportler kommt nie pünktlich zum Training, weil er sich einfach nicht organisieren kann. Auch einem solchen Punkt muss in der Strategie Rechnung getragen werden.

Sobald über die erwähnten Punkte nachgedacht wurde und die relevanten – nicht einfach alles berücksichtigen, da ansonsten keine umsetzbare Strategie erstellt werden kann, sondern wirklich nur diejenigen, die für die Zielerreichung von Bedeutung sind – Chancen und Risiken bzw. Stärken und Schwächen aufgezeigt sind, braucht es klare, aufeinander abgestimmte Interventionen. Unter diesen Maßnahmen werden «konkrete Aktionen und operative Schritte, die notwendig sind, um ... die Ziele zu erreichen» (Doppler & Lauterburg, 2002, S. 171) verstanden. Dies ist per se nicht vom Sportpsychologen, sondern u. a. auch von den Schlüsselpersonen zu beantworten. Der Sportpsychologe kann aber hierauf aufmerksam machen und somit die Trainingsbedingungen für den Sportler optimieren.

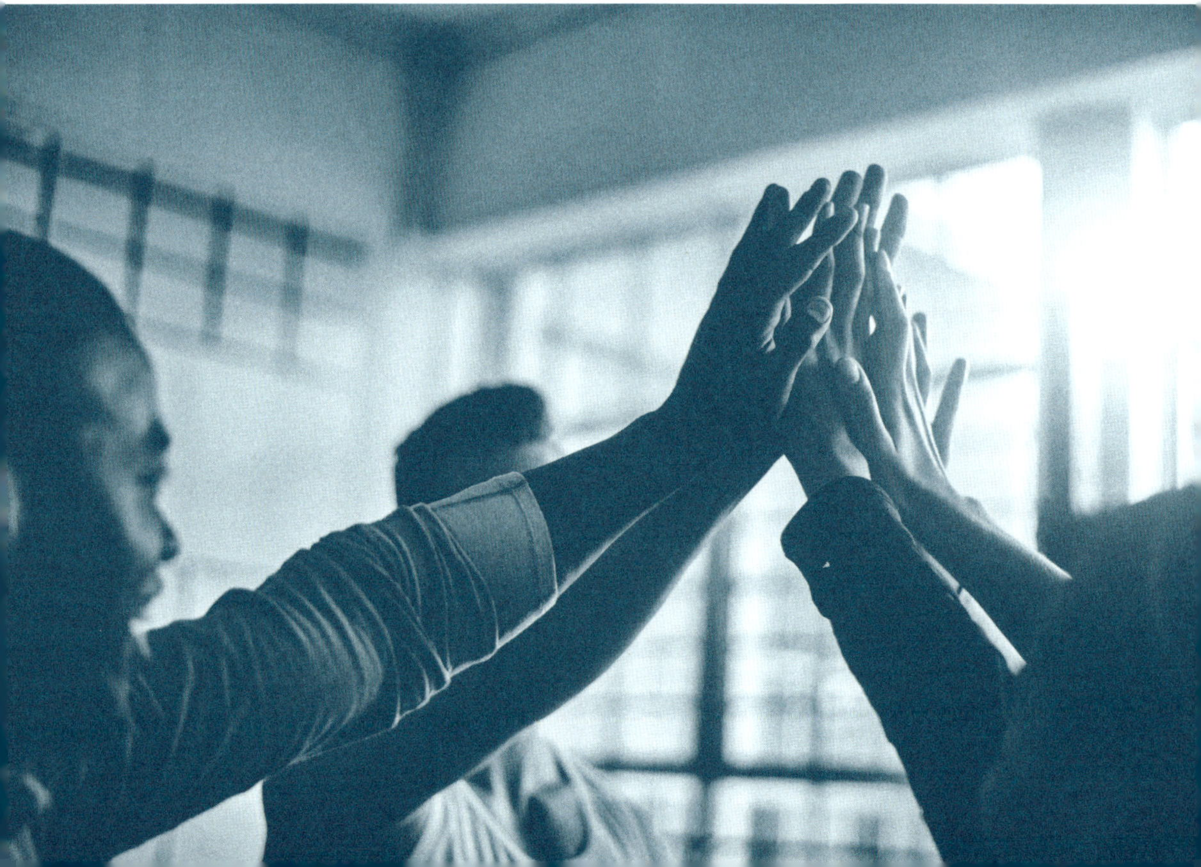

8.3.1. DAS BEISPIEL – STRATEGIE

BEISPIEL

Und wie erwähnt, heißt das für uns:

- Anreicherung der Trainingseinheiten durch den Trainer mit anderen Sportarten nach Rücksprache mit dem Physiotherapeuten und dem Athletiktrainer, damit Umsetzung in den nächsten zwei Wochen geschehen kann. Planung von zwei Wettkämpfen bei den Juniorinnen. Hierbei ist die Zeitplanung zu berücksichtigen.

Ab sofort wird die Mutter die Tochter nicht mehr von A nach B fahren ohne deren Anfrage. Die Mutter wird per sofort keine Nachfragen hinsichtlich des Trainings mehr stellen.

- Die Sportlerin arbeitet mit mir an ihrem Eigen- und Fremdbild, Selbstvertrauen und an Abnabelung von der Mutter. Hierbei werden auch ihr Freund und das bevorstehende Abitur Themen werden. Wie kriegt die Sportlerin das alles unter einen Hut und kann entsprechend ihre Prioritäten setzen?

8.4. INTERVENTIONS-IDEEN ZUR ZIELERREICHUNG

In diesem Schritt zeigt der Sportpsychologe anhand der in der Analysephase erhaltenen Ergebnisse und der gesetzten Zielen, welche Interventionen er dem Sportler offerieren kann bzw. denkbar wären aus seiner Sicht.

Zum einen sind es Interventionen, die der Sportpsychologe direkt mit dem Sportler umsetzen kann. Um welche Interventionen es sich handeln kann, ist u. a. im Kapitel 15 ersichtlich.

Zum anderen können es Maßnahmen sein, bei denen die Umsetzung nicht alleine vom Sportpsychologen aus geschehen soll/muss. Es ist durchaus denkbar und oft auch wünschenswert, dass für spezifische Veränderungen (z. B. Anpassung der Ernährung) Schlüsselpersonen, weitere im Team Mitarbeitende oder weitere Fachkräfte ins Boot geholt werden oder auf technische Mittel zurückgegriffen wird. Die Aufgabe des Sportpsychologen liegt bei den Interventionen alleine darin, Ideen zu liefern, die zielführend sein können.

Ein Sportpsychologe, der hier unzählige von Interventions-Maßnahmen vorschlagen wird, hat seine Aufgabe nicht verstanden. Es ist nicht zielführend, den Sportler mit hunderten von Ideen zu überschütten. Einige wenige Interventionen, die genau auf das Gewünschte abzielen, sind viel sinnvoller. Allerdings ist es genauso falsch, wenn der Sportpsychologe nur mit einem Vorschlag kommt. Es gibt nie nur einen Weg. Dem Sportler soll in dieser Beziehung ein kleiner Blumenstrauß von Ideen (jede Blume als eine Idee) offeriert werden, aus denen sich der Sportler die Maßnahmen aussuchen kann, die er für sich selbst am geeignetsten ansieht. Wie schon mehrfach erwähnt, entscheidet der Sportler.

8.4.1. DAS BEISPIEL – INTERVENTIONS-IDEEN ZUR ZIELERREICHUNG

BEISPIEL Wir diskutieren konkrete Interventionen und Folgendes wird festgehalten:

- Der Trainer und der Athletiktrainer sprechen sich mit dem Physiotherapeuten bezüglich Ideen zur Trainingsgestaltung ab. Es soll mehr Abwechslung durch andere Sportarten (Rad, Schwimmen, Klettern ...) reinkommen. Zudem werden die zwei Juniorinnen-Wettkämpfe geplant.
- Die Mutter wird sich mehr zurücknehmen. Sie wird ihre erwachsene Tochter nur noch auf deren Bitte hin irgendwohin fahren. Ansonsten organisiert sich die Sportlerin fortan selbst. Die Mutter grenzt sich auch sonst etwas mehr ab und fragt, falls es für sie gar nicht mehr geht, bei mir nach.
- Die Sportlerin bekommt Einzelcoaching von mir. Dabei sollen Eigen- und Fremdbild und Selbstvertrauen sowie Prioritätensetzung hinsichtlich des Freundes und Abiturs die ersten Punkte sein. Details dazu in der Planung.
- Sobald der erste Wettkampf ansteht, werde ich mir vor Ort ein Bild machen.

8.5. DEFINITIVE RESSOURCENPLANUNG

Bereits bei der Auftragsklärung wurden erste Annahmen bzgl. benötigter finanzieller, zeitlicher und weiterer Ressourcen getroffen. An dieser Stelle im Projekt müssen diese Punkte nun konkretisiert werden.

Eine sportpsychologogische Unterstützung kostet. Bevor aber ein Sportler eine negative Überraschung hinsichtlich der Höhe der Ausgaben erlebt, müssen hier die Rahmenbedingungen gesteckt werden. Es gibt verschiedene Möglichkeiten, die Kosten im Blick zu halten. Eine Variante ist, dass der Sportpsychologe die benötigten Stunden für die Unterstützung an dieser Stelle überschlägt und mit seinem Stundenansatz multipliziert und dem Sportler so einen Kostenrahmen aufzeigt. Vernünftig ist die Abmachung, dass der Sportpsychologe sich melden muss, falls er diesen Kostenrahmen überschreiten würde. So haben alle Beteiligten klare Verhältnisse.

Eine weitere Variante ist, dass der Sportpsychologe mit einer Pauschale arbeitet. Im Endeffekt spielt es keine Rolle, welcher Weg gewählt wird. Wichtig ist einzig, dass es an dieser Stelle geklärt wird. Des Öfteren wird die Kostenfrage in den Hintergrund gedrängt und am Ende kommt es zu unnötigen Diskussionen, die u. U. einen negativen Beigeschmack hinterlassen können. Dies ist insbesondere dann der Fall, wenn ein Projekt nicht erfolgreich abgeschlossen werden kann.

Auf die zeitlichen Ressourcen wird in dieser Hürde nur hinsichtlich der zu erwartenden Anzahl Stunden eingegangen. Die genaue Planung erfolgt in einem nächsten Schritt.

Weitere Ressourcen können beispielsweise der Einbezug von weiteren Personen oder von einer speziellen technischen Ausrüstung zur Unterstützung des Sportlers sein. Hier ginge es selbstverständlich auch um die Kosten, aber auch um die Verfügbarkeit.

Auch die Ressourcen gilt es am Ende schriftlich festzuhalten.

8.5.1. DAS BEISPIEL – DEFINITIVE RESSOURCENPLANUNG

BEISPIEL

Wir besprechen, dass ich ungefähr einmal wöchentlich mit der Sportlerin individuell arbeite. Dieses Coaching werde ich einzeln in Rechnung stellen. Für die Überprüfung sowie die anderen Punkte verrechne ich eine Pauschale.

Die Zeiten für die Coachings vereinbaren wir aufgrund des Stunden- und des Trainingsplans so, dass die Sportlerin eine Leerzeit, die sie normalerweise mit Lernen verbringen würde, mit mir nutzt. Lernen wird sie dafür in der Bahn. Das Coaching wird jeweils in der Nähe der Trainingsanlage im Café stattfinden.

8.6. EINZELCOACHING – KONZEPT

Diese Phase ist im Einzelcoaching normalerweise nicht notwendig, da die vertiefte Zusammenarbeit mit Hürde zwei schon begonnen hat. Für den Prozess wäre es u. U. hilfreich, ab und an in den Coachings innezuhalten und sich zu überlegen, ob sich die erste Zielvereinbarung verändert (hat) oder ob sie allenfalls noch detaillierter geklärt/benannt werden kann, um die Ressourcen im Auge zu behalten.

9. HÜRDE VIER – PLANUNG

Das Projekt gelangt mit Hürde vier in eine Phase, die für den Sportler von großer Bedeutung ist. Die bis dahin diskutierten Fakten werden in Form gebracht, sodass – aus Sicht des Sportlers oft «endlich» – mit der eigentlichen Zusammenarbeit bzw. dem Veränderungsprozess begonnen werden kann. Damit auch dieser Schritt reibungslos geschieht, soll auch die Planung seriös durchgeführt werden.

9.1. ENTSCHEIDUNG ÜBER DEFINITIVE INTERVENTIONEN

Aus den Interventions-Ideen des Sportpsychologen wählt der Sportler die gewünschten Maßnahmen definitiv aus. Im Normalfall wird mit diesen Interventionen bis zur Zielerreichung gearbeitet. Es kann selbstverständlich vorkommen, dass sich in der Umsetzung Interventionen als ungeeignet herausstellen. Dies gilt es dann umgehend zu korrigieren. Zudem können diese Maßnahmen während des Prozesses erweitert werden.

Alle Interventionen müssen neben dem Sportler auch die anderen involvierten Personen tragen. Nur so kann sichergestellt werden, dass sie umgesetzt werden können.

9.1.1. DAS BEISPIEL – ENTSCHEIDUNG ÜBER DEFINITIVE INTERVENTIONEN

BEISPIEL

Die Interventionen bzgl. der Trainingsgestaltung und des Einflusses der Mutter sind bereits festgelegt.

Die Einzelcoachings beginnen wir mit Eigen- und Fremdbild. Hierzu wird die folgende Übung eingesetzt (Schoch, 2007): Es liegen drei Blätter mit polarisierenden Adjektiven (z. B. freundlich – unfreundlich) und einer Skala dazwischen vor. Ein Blatt ist für das Selbstbild. Das füllt die Sportlerin aus, wie sie sich selbst einschätzen würde. Ein weiteres Blatt ist das Fremdbild. Dieses lasse ich vom Trainer ausfüllen. Und das dritte ist das Meta-Bild. Dort bitte ich die Sportlerin, sich zu überlegen, wie sie denkt, dass der Trainer sie sieht. Im Anschluss gleichen wir die drei Blätter ab und diskutieren zum einen über die Begriffe, zum anderen über die Parallelen bzw. die Unterschiede bei den Einschätzungen.

Für das Selbstvertrauen arbeite ich mit der in Kapitel 15 erwähnten Stärkenübung. Die Prioritätensetzung hinsichtlich des Freundes und des Abiturs werde ich über Gespräche erarbeiten. Darüber hinaus werde ich dann in diesen Gesprächen heraushören, wo es noch weitere zu bearbeitende Punkte gibt.

Sobald der erste Wettkampf ansteht, werde ich mir vor Ort ein Bild machen und der Sportlerin u. U. mittels eines selbst erarbeiteten Rituals – z. B. beim Einlaufen ein bestimmtes Musikstück hören, womit sie sich auf sich konzentrieren kann und gleichzeitig für den Lauf aktiviert wird – etwas an die Hand geben.

9.2. MEILENSTEINE

In jedem Projekt wird es Termine geben, bis wann etwas erreicht werden muss. So kann bei der Zielsetzung z. B. abgemacht worden sein, dass die Verbesserung der Technik bis am 30.06. geschieht. So ist der 30.06. ein Datum, das von Bedeutung ist. Oder es müssen beispielsweise bis zu einem Stichtag die Qualifikationskriterien erreicht werden. Solche Daten werden als Meilensteine taxiert. Für die Arbeit zwischen Sportler und Sportpsychologen sind diese Meilensteine wichtig, damit Zwischenfazits der Zusammenarbeit gezogen werden können. Werden keine Meilensteine vereinbart, wird oft bis zum Ende des Projektes nie darüber gesprochen, ob die Zusammenarbeit gut verläuft und ob die Ziele erreicht werden können. Nicht selten kommt es dann am Ende zu ungewollten und unliebsamen Überraschungen. Der ständige Austausch zwischen Sportler und Sportpsychologen ist unabdingbar. Die Meilensteine helfen, dies nicht zu vergessen.

Allerdings ist Vorsicht geboten. Nicht jeder Termin sollte als Meilenstein taxiert werden.

9.2.1. DAS BEISPIEL – MEILENSTEINE

BEISPIEL

Meilensteine sind der erste Wettkampf, da ich mir da ein Bild machen möchte, und die beiden Juniorinnenwettkämpfe, bei denen - zumindest einmal - die Trainingszeit gelaufen werden soll.

Und der letzte Meilenstein ist der große Wettkampf in knapp vier Monaten.

9.3. ZEITPLANUNG

Eine Zielerreichung geschieht immer über eine bestimmte Zeit hinweg. Die Zeit von Beginn der Umsetzung bis zur Zielerreichung muss geplant werden. Seriös und überlegt werden die Interventionen in eine Abfolge gebracht. Ziele, die kurzfristiger sind, werden - es versteht sich von selbst - prioritär behandelt, jedoch ohne die langfristigen Ziele dabei zu vernachlässigen. Dabei gilt es, die Meilensteine und vor allem den normalen Tagesablauf des Sportlers zu berücksichtigen. Für die Zeitplanung ist es wichtig, alle involvierten Personen miteinzubeziehen, damit alle Termine miteinander koordiniert werden können und dem Sportler aber auch immer noch genug Raum für Erholung bleibt. Vielfach sind die Sportler so motiviert und fixiert auf die Veränderung, dass sie all ihre verfügbare Zeit hergeben würden. Eine sportpsychologische Intervention darf aber nicht zu Lasten der Erholung gehen.

Der Zeitplan kann mit einfachen Mittel illustrativ festgehalten und zusammen mit den Zielen gut sichtbar für alle aufgehängt werden. Visualisierung ist auch in diesem Fall ein zielführendes Instrument und dient der Motivation.

9.3.1. DAS BEISPIEL – ZEITPLANUNG

BEISPIEL Abbildung 2 zeigt eine Möglichkeit eines visuell dargestellten Zeitplans, der aufgehängt werden kann.

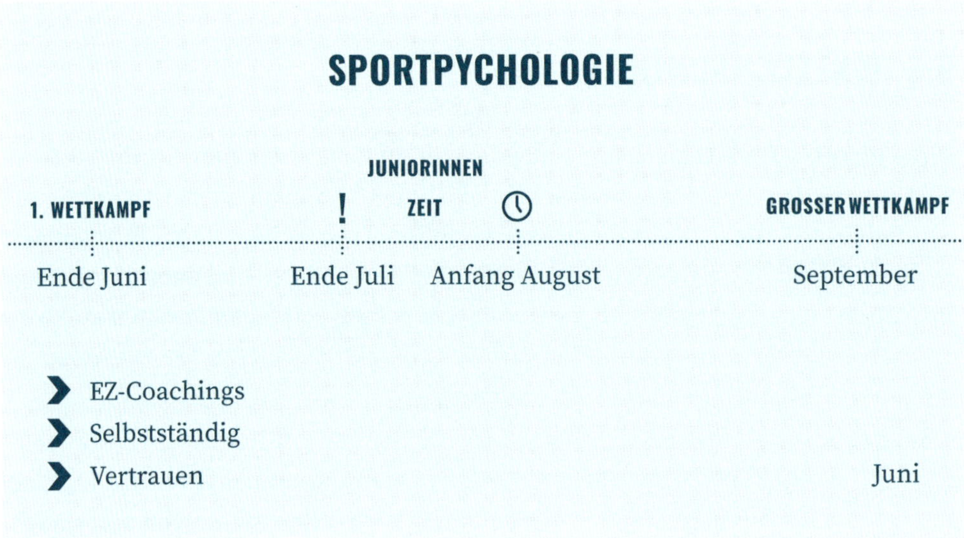

Abbildung 2, Zeitplan (Renate Eichenberger)

9.4. KICK-OFF

- Sind alle offenen Punkte der Hürdenphase vier geklärt, ist es empfehlenswert, alle projektbeteiligten Personen (also z. B. die ganze Mannschaft, den Trainer, Physiotherapeuten, Manager etc.) in Form eines Kick-offs zusammenzubringen. Offene Fragen können beantwortet und Unklarheiten geklärt werden. Das Kick-off-Meeting ist der offizielle Start für die bevorstehende Veränderung und hilft allen Beteiligten zusätzlich, das Gefühl eines Teams zu erleben.

9.4.1. DAS BEISPIEL – KICK-OFF

BEISPIEL

Wir verabreden uns alle nach einem Training bei den Eltern der Sportlerin zu Hause, hängen den Zeitplan in deren Zimmer auf und essen anschließend gemeinsam im Garten.

9.5. EINZELCOACHING

Diese Phase ist im Einzelcoaching normalerweise nicht notwendig, da die vertiefte Zusammenarbeit mit Hürde zwei schon begonnen hat und unter Berücksichtigung der sich u. U. immer mal wieder verändernden Thematiken die Ziele angepasst wurden. Allenfalls ist die Erstellung eines Zeitplans mit Meilensteinen sinnvoll zur Visualisierung – hängt allerdings sehr von den zu bearbeitenden Punkten ab.

10. HÜRDE FÜNF – EINFÜHRUNG UND UMSETZUNG

Für den Sportler folgt nun die Arbeit und für den Sportpsychologen die Phase der Unterstützung. Es spielt keine Rolle, ob der Sportpsychologe für die Interventionen selber mit dem Sportler arbeitet oder ob dies eine Drittperson übernimmt, die u. U. vom Sportpsychologen instruiert wird. Die Aufgabe des Sportpsychologen ist in beiden Fällen, für den Sportler da zu sein und mit ihm seine Erfahrungen zu besprechen. Zu Beginn wird diese Begleitung eng sein. Das Ziel jedes Sportpsychologen muss es aber sein, die Begleitung kontinuierlich zu reduzieren und den Sportler in seiner Arbeit selber zu ermächtigen. Es darf nicht zu einer Abhängigkeit kommen. Der Sportpsychologe bietet dem Sportler jedoch die Möglichkeit, ihn zu jeder Zeit von sich aus zu kontaktieren.

10.1. EINFÜHRUNG

Die festgehaltenen Interventionen müssen in einem ersten Schritt eingeführt werden. Egal, ob es sich dabei um die Veränderung einer Technik oder um eine mentale Unterstützung handelt. Schritt für Schritt wird der Sportler an die veränderte oder neue Aufgabe durch den Sportpsychologen, den Trainer oder eine zugezogene Drittperson hingeführt. Dabei wird entsprechend dem Zeitplan vorgegangen.

10.1.1. DAS BEISPIEL – EINFÜHRUNG

BEISPIEL

Der Trainer und der Athletiktrainer beginnen mit ersten Trainings aus anderen Sportarten. So wird z. B. eine Ausdauereinheit auf dem Rad zurückgelegt.

Die Sportlerin fährt mit den öffentlichen Verkehrsmitteln zum Training.

Die Sportlerin besucht das erste Einzelcoaching und wir arbeiten am Eigen- und Fremdbild mit der angesprochenen Übung.

Der erste Wettkampf steht bald an und ich werde mir vor Ort ein Bild machen können.

10.2. UMSETZUNG

Ist die Einführung erfolgreich geschehen, wird an der eigentlichen Veränderung gearbeitet. Nur kontinuierliches Training oder eine Auseinandersetzung mit der neuen Situation werden die beabsichtigte Veränderung auch tatsächlich herbeiführen. Ganz nach dem Motto: «Ohne Fleiß kein Preis!»

10.2.1. DAS BEISPIEL – UMSETZUNG

BEISPIEL

Die Trainer lassen sich immer mehr Ideen als Alternativen einfallen.

Die Mutter ist kaum mehr Thema und erkundigt sich nur ganz selten bei mir.

In den Einzelcoachings arbeiten wir kontinuierlich weiter. Es zeigen sich immer wieder neue Muster, die aufgezeigt werden können.

10.3. ENTWICKLUNG/VERÄNDERUNG DES SPORTLERS

Mit jeder Veränderung wird sich die Persönlichkeit des Sportlers entwickeln. Er wird neue positive wie negative Erfahrungen machen, die er einzuordnen bzw. damit umzugehen lernen muss. Dieser Entwicklung und vor allem der Zeit für diese Entwicklung muss Rechnung getragen und diese Wandlung sollte zwingend vom

Sportpsychologen unterstützt werden. Die Frage, die immer wieder gestellt werden sollte, heißt: «Wer bist du?» Ein Sportler muss sich immer – auch während der Zeit der Veränderung – selber erkennen können, mit sich im Reinen sein, den Sport mit Freude ausüben und sich nicht nur über den Sport definieren.

10.3.1. DAS BEISPIEL – ENTWICKLUNG/VERÄNDERUNG DES SPORTLERS

BEISPIEL Die Sportlerin entwickelt sich für die Trainer zu einer selbstbewussteren Persönlichkeit. Für mich wirkt sie aufgeräumter in dem, was sie selbst möchte. Dazu gehört auch, dass sie nach wie vor mit ihrem Freund zusammen ist. Sie haben sich gemeinsame «Zeitfenster» in den Schulstunden- und Trainingsalltag eingebaut. Sie selbst erzählt, sie wisse jetzt, was sie wolle. Und zuoberst auf dem Podest zu stehen, sei nicht mehr nur ein Traum, sondern ein konkretes Ziel.

10.4. AUFZEICHNUNG

Es kann hilfreich sein, dass der Sportpsychologe die verschiedenen Schritte der Umsetzung schriftlich aufzeichnet. Diese Informationssammlung kann am Ende dazu dienen, nachzuvollziehen, wann welche Veränderungen vom Sportler verwirklicht wurden.

10.4.1. DAS BEISPIEL – AUFZEICHNUNG

BEISPIEL Ich protokolliere im Anschluss an alle Gespräche die wichtigsten Punkte.

10.5. ÜBERPRÜFUNG

Die Überprüfung bzw. die Unterstützung des Sportlers während dieser Hürde wurde bereits eingehend beschrieben. Daneben ist es zusätzlich die Aufgabe des Sportpsychologen, die weiteren abgemachten Projektpunkte zu überprüfen. Hierbei sind der Zeitplan, die Kosten, die Ressourcenvorgaben sowie die Koordination aller Beteiligten gemeint. Dem Sportpsychologen kommt die Aufgabe zu, zu intervenieren, sollte einer der Punkte nicht nach Plan verlaufen oder nicht eingehalten werden.

10.5.1. DAS BEISPIEL – ÜBERPRÜFUNG

BEISPIEL

Neben den erwähnten positiven Veränderungen habe ich auch die Kosten im Griff. Ich verrechne regelmäßig meine Aufwendungen. Hinsichtlich der Zielerreichung liegen wir im Zeitplan.

10.6. EINZELCOACHING – EINFÜHRUNG UND UMSETZUNG

Diese Phase ist im Einzelcoaching normalerweise nicht notwendig, da die vertiefte Zusammenarbeit mit Hürde zwei schon begonnen hat. Allerdings sollten der Prozess, die Kosten, die Ressourcen und die Ziele im Auge behalten und «überwacht» werden.

11. ZIEL – ABSCHLUSS UND WEITERE PROJEKTE

Der Abschluss eines Projektes fällt zusammen mit der Zielerreichung bzw. dem letzten Meilenstein im Zeitplan. Jeder Abschluss eines Projektes soll seriös gestaltet werden, und es bietet sich auch oft an, den Abschluss zu feiern und allen beteiligten Personen zu danken.

11.1. ZIELÜBERPRÜFUNG

Als Erstes gilt es, die gesteckten Ziele mit dem Ergebnis zu überprüfen. Wurde das erreicht, was erreicht werden wollte? Im besten Fall wurde alles für alle Beteiligten erfolgreich erreicht.

Falls dies nicht der Fall sein sollte, ist es sinnvoll hervorzuheben, was anstelle dessen erreicht wurde und als positiv betrachtet werden kann, und z. B. zu erkennen, dass Teilziele erreicht wurden. Das heißt, es ist wichtig, nicht gleich das ganze Projekt als gescheitert zu betrachten.

11.1.1. DAS BEISPIEL – ZIELÜBERPRÜFUNG

BEISPIEL

Der Sportlerin ist es gelungen, im Juniorenwettkampf die Trainingszeit zu laufen. Im Hauptwettkampf klagte sie nicht mehr über Bauchschmerzen und beschrieb den Lauf, wenn sie auch knapp über ihrer angestrebten Zeit geblieben ist, als das bisherige Highlight der Karriere. «Es hat mir Spaß gemacht! Ich bin gereift.»

11.2. AUSWERTUNG

Ob eine detaillierte Auswertung gemacht werden soll, hängt von der Absprache zwischen Sportler und Sportpsychologen ab. Es ist sicher zielführend, die gemeinsame Arbeit zu besprechen und kritisch zu evaluieren.

Es kann für den Sportler für zukünftige Projekte u. U. auch hilfreich sein, wenn er einen schriftlichen Bericht des Sportpsychologen erhält, wie das Vorgehen in der Zusammenarbeit war, was zu erreichen war, welche Interventionen hierfür ergriffen wurden, welche Veränderungen herbeigeführt werden konnten und ob und welche Ziele erreicht wurden.

11.2.1. DAS BEISPIEL – AUSWERTUNG

BEISPIEL

Wie die beschriebenen Punkte gezeigt haben, war das Projekt größtenteils erfolgreich. Jeder darf bei einem geselligen Abschlussgetränk seine Eindrücke schildern und Optimierungsvorschläge nennen.

11.3. NEUER AUFTRAG

Verlief die Zusammenarbeit zwischen dem Sportler und dem Sportpsychologen erfolgreich, wird dies in vielen Fällen zu einer weiteren Zusammenarbeit führen. Der Transparenz und der Ernsthaftigkeit halber ist es zu empfehlen, ein neues Konzept (vgl. Kapitel 8) zu erstellen. Ansonsten besteht die Gefahr, ohne Zielsetzungen weiterzuarbeiten. Für den Sportpsychologen gilt, dass er sich neu in diesen Auftrag hineindenken muss. Es soll kein «Copy & Paste» des alten geben! Doch selbstverständlich sind nicht mehr alle Analyseschritte notwendig.

11.3.1. DAS BEISPIEL – NEUER AUFTRAG

BEISPIEL

Die Sportlerin möchte weiter mit mir zusammenarbeiten. Wir wechseln hierfür ins klassische Einzelcoaching. Als Erstes steht die Frage «Setze ich voll auf Sport oder studiere ich nebenher?» im Raum und soll bearbeitet werden.

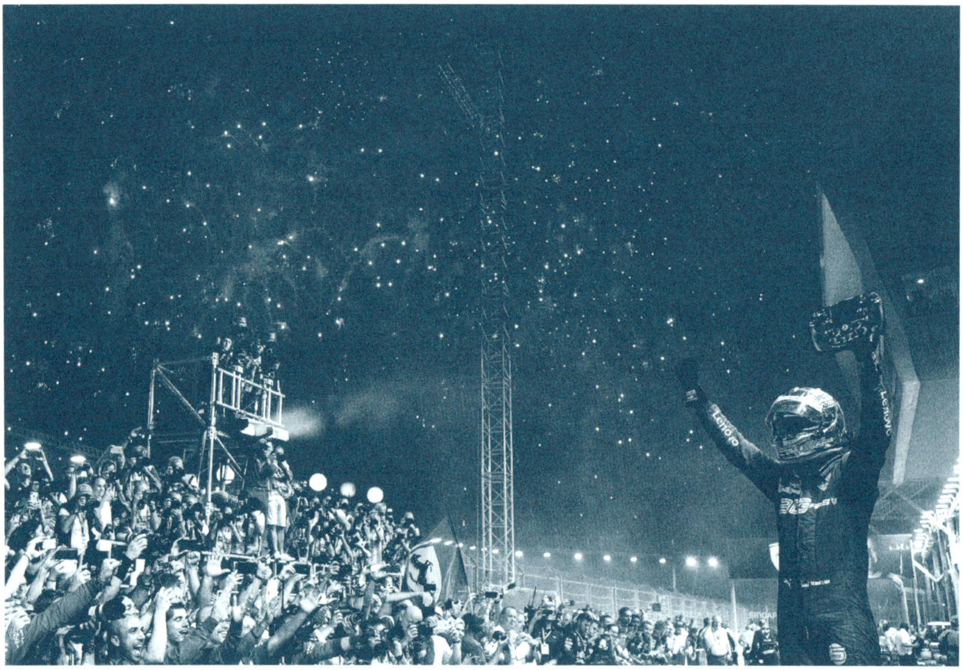

11.4. EINZELCOACHING – ABSCHLUSS UND WEITERE PROJEKTE

› Diese Phase ist im Einzelcoaching genauso zu gestalten wie oben beschrieben.

12. MÖGLICHE HERAUSFORDERUNGEN/PROBLEME IN DER ZUSAMMENARBEIT

Eine der Herausforderungen liegt darin verborgen, dass auch bei einem Projekt mit mehreren involvierten Personen (Schlüsselpersonen) die Schweigepflicht durch den Sportpsychologen gewahrt werden sollte. Grundsätzlich gehen die Informationen, die der Sportler dem Sportpsychologen anvertraut, auch nicht an die Schlüsselpersonen weiter, sondern nur die Informationen, die für das Projekt notwendig und im besten Falle mit dem Sportler abgesprochen sind. Die Schlüsselpersonen wünschen sich allerdings oftmals genaue Details. Dies gilt es klar abzusprechen. Die Praxis zeigt, dass Einzelsportler oftmals offen sind und sich sogar wünschen, dass der Sportpsychologe als Vermittler Infos an Trainer etc. weitergibt. Und bei Mannschaften ist es für einen Sportpsychologen gut möglich, Informationen aus dem ganzen Team zu übermitteln, ohne einen einzelnen Sportler zu zitieren.

Als häufigste Herausforderung sind die Widerstände, die von den einzelnen Projektbeteiligten gegenüber dem Projekt geäußert werden, zu benennen. Hierzu ist es wichtig zu wissen, dass es keine Veränderung ohne Widerstand gibt. «Nicht das Auftreten von Widerständen, sondern deren Ausbleiben ist Anlass zur Beunruhigung.» (Doppler & Lauterburg, 2014, S. 89) Die größte Schwierigkeit dabei liegt darin, dass diese Widerstände nicht offen und transparent angesprochen werden, sondern oft nur spürbar sind. Ein Sportpsychologe muss sich dieser Herausforderung bewusst sein und sie entsprechend offen thematisieren. Hier einige Möglichkeiten, wie Widerstände entstehen können:

- Der oder die Betroffenen haben die Ziele, die Hintergründe oder die Motive einer Intervention nicht verstanden.
- Betroffene haben verstanden, worum es geht, aber sie glauben nicht, was gesagt wird.
- Betroffene haben verstanden und sie glauben auch, was gesagt wird, aber sie wollen oder können nicht mitgehen, weil sie sich von den vorgesehenen Interventionen keine positiven Konsequenzen erwarten.

Letzteres ist oft der Fall. Vielfach zweifeln Sportler an sich selbst, eine Veränderung umzusetzen – «wäre es so einfach, hätte ich es doch alleine schon geschafft». Daher ist es die Aufgabe des Sportpsychologen, während des ganzen Projekts ein Augenmerk darauf zu haben. Eine Nichtbeachtung von Widerstand führt zu Blockaden. Das heißt, stellt der Sportpsychologe Widerstände fest, muss er diese ansprechen. Oft sind diese Widerstände «nur» der Tatsache geschuldet, dass die Betroffenen Respekt vor einer Veränderung haben oder es sich – wie erwähnt – nicht zutrauen (u. U. aufgrund von tieferliegenden Problemen) und nicht der eigentlichen Arbeit dem Sportpsychologen gegenüber. Werden Widerstände missachtet, kann das ganze Projekt scheitern. Denn nur Personen, die hinter etwas stehen, sind motiviert, es auch umzusetzen.

Ein weiteres Problem stellt immer wieder die Geduld der Beteiligten dar. Wer sich zu einer Zusammenarbeit mit einem Sportpsychologen entschließt, möchte sofort Ideen und Interventions-Maßnahmen hören, die den Sportler verändern und im besten Falle weiterbringen sollen. «So, gib mir was oder sage mir, was ich tun soll.» Das zu tun, könnte zwar kurzfristige Wirkung zeigen, wird längerfristig aber mit Sicherheit zum Scheitern verurteilt sein. Wer eine Veränderung erreichen will, die länger- oder gar langfristig Erfolg bringen soll, braucht Zeit und muss arbeiten – an sich.

Gleichzeitig ist es so, dass sich bei Projekten, die nicht erfolgreich verlaufen, nach einer eingehenden Reflexion herausstellt, dass vom Ablauf abgewichen wurde bzw. sich der Sportpsychologe hat abbringen lassen. Meist wird die Zeit für die Zielfindung massiv unterschätzt und von allen Beteiligten etwas angenommen, ohne dass es ausführlich geklärt und verschriftlicht wurde. Das heißt, die Anforderungen und Ziele bleiben unklar.

Auch der Zeitfaktor ist eine Herausforderung, denn nicht selten werden für die vorhandene Zeit zu optimistische Annahmen getroffen, die dann nicht umgesetzt werden können. Zudem wird ein Sportpsychologe meist erst dann geholt, wenn die Zeit ohnehin nicht mehr vorhanden ist.

Hier könnte nun an die Sportler und Trainer appelliert werden, «holt die Unterstützung, solange alles so weit gut läuft». Dies wird sich in der Praxis jedoch vermutlich nur schwer durchsetzen, denn wer braucht schon Hilfe, wenn es ihm gutgeht? Und ein Sportpsychologe belastet am Ende das Budget, das anderweitig genutzt werden kann. Daher liegt es in der Eigenverantwortung des Sportpsychologen zu entscheiden, ob er auf die Schnelle Unterstützung bieten kann. Nimmt er einen Auftrag auch unter starkem Zeitdruck an, liegt es dennoch in seiner Hand, die Projektschritte sauber zu durchlaufen, wenn auch viel schneller und weniger tief. Aber ohne bei Hürde eins die Vertrauensfrage geklärt und bei Hürde zwei die Ziele besprochen zu haben, bleibt ein großes Risiko, dass das Projekt scheitern wird.

Vielfach liegen die Probleme bei Projekten auch in der Kommunikation. Offene und transparente Kommunikation ist Grundvoraussetzung. Dies bedeutet auch – von allen am Projekt beteiligten Personen – unangenehme Dinge anzusprechen oder Zweifel anzubringen, wenn beispielsweise das Gefühl vorherrscht, dass ein gestecktes Ziel nicht erreicht werden kann.

Selbstverständlich kann ein Projekt auch misslingen, weil der Sportpsychologe oder der Sportler überfordert sind oder die angewendete Methodik nicht umsetzbar ist oder sich als unpassend herausstellt oder wenn die Unterstützung von wichtigen Personen (z. B. Vereinsleitung) fehlt.

Ein letztes zu erwähnendes Problem ist das Scheitern eines Projektes. Jede Zusammenarbeit birgt die Gefahr, dass sie am Ende nicht mit dem gewünschten Erfolg endet – aus welchen Gründen auch immer. Als Beispiel liegt es auf der Hand, dass ein Ziel, Olympiasieger zu werden, u. U. von Faktoren, die außerhalb des Sportlers selbst liegen, beeinflusst wird. Auf diese Problematik hat ein Sportpsychologe von Beginn an hinzuweisen, ohne dabei Angst zu machen oder schwarzzumalen. Es obliegt dem Sportpsychologen, diesen Punkt aus Professionalitätsgründen anzusprechen. Es wäre aber ungünstig, es bei jeder Gelegenheit zu wiederholen.

Im Bereich der Sportpsychologie ist das Ernstnehmen dieser Probleme deshalb von großer Bedeutung, weil der Erfolg des Sportlers dessen Lohn ist. Die aktive Zeit eines Sportlers ist im Normalfall begrenzt und es will/sollte alles darangesetzt werden, dass eine Zusammenarbeit so verläuft, dass die Probleme schon während des Prozesses erkannt und umgehend behoben werden.

Ebenfalls zu berücksichtigen ist, dass ein Misserfolg / ein Scheitern u. U. auch auf das Image des Sportpsychologen bzw. auf die ganze Sportpsychologie abfärben kann, da ein Verein bzw. die Verantwortlichen oder ein Sportler selbst die Sportpsychologie negativ beurteilen werden.

13. ABGRENZUNG: KRISE, NOTFÄLLE UND AKUTE PROBLEME

In diesem Kapitel wird auf die Spezialfälle Krise, Notfälle und akute Probleme in der sportpsychologischen Arbeit eingegangen. Aus Sicht der Autorin sind die drei Begriffe unterschiedlich zu betrachten, obschon sie je nach Beurteilung auch als Synonyme verwendet werden.

13.1. KRISE

Oft werden Sportpsychologen geholt, wenn ein Sportler oder eine Mannschaft in einer sogenannten Krise stecken. Das Wort «Krise» wird dabei meist falsch verwendet und insbesondere von den Medien gepusht. Eine Krise ist für einen Menschen ein Zustand akuter psychischer Not (Meyer, 2011) und stellt eine große Schwierigkeit bzw. eine Gefährdung für einen Menschen dar. Natürlich kann es einen Fußballclub in eine Krise führen, wenn die Mannschaft aus der obersten in die zweitoberste Liga abzusteigen droht – in eine wirtschaftliche Krise. Doch im Moment, wenn der Sportpsychologe geholt wird, ist diese Krise noch nicht Tatsache und stellt somit für den einzelnen Menschen keine akute Gefährdung dar. Daher sollte besser der Wortlaut «akute Probleme» – weiter unten in diesem Kapitel – oder Ähnliches verwendet werden.

13.2. NOTFALL

Von einem Notfall wird gesprochen, wenn ein überraschendes, schwerwiegendes Ereignis eintritt (beispielsweise der Tod eines Spielers), das negative / schwer belastende Folgen für die betroffenen Menschen hat. Es geht in diesem Falle u. a. um folgende Aufgaben:

- Betreuung von unverletzten Betroffenen (z. B. Mannschaftskollegen)
- Betreuung von Hinterbliebenen
- Überbringen von Todesnachrichten
- Betreuung beim Besuch der toten Person

In der Notfallpsychologie wird in so einem Falle immer von einer traumatischen Krise gesprochen, d. h. ein durch ein überraschendes Ereignis hervorgerufener schmerzhafter, seelischer Zustand. Dabei sind ganz alltägliche Aufgaben nicht mehr bewältigbar, das innere Gleichgewicht geht verloren, die Betroffenen fühlen sich bedroht, möchten aber unbedingt dennoch irgendwie helfen bzw. etwas unternehmen. Oft wird die Frage nach dem Sinn des Lebens bzw. der Zukunft gestellt.

Sigmund Freud sagte, das Gefühl von Sicherheit und Vorhersagbarkeit sei eine zentrale Voraussetzung, um planen und handeln zu können. (Brauchle, 2000) Wie eine Person plant und handelt, ist subjektiv und erfolgt aufgrund ihrer eigenen Muster und aktuellen Gefühlen. Nach einem traumatischen Ereignis ist das nicht mehr gewährleistet, d. h., der Mensch kann sich – vorübergehend – nicht mehr auf sein inneres Gefühl verlassen.

Um die nächsten Schritte im Leben anzugehen, brauchen die betroffenen Personen oft eine Anleitung, wie die nächsten Schritte im (Sport-)Alltag aussehen sollen. Grundsätzlich gelten bei einem Notfall folgende Prinzipien:

- Unmittelbarkeit → Die Hilfe erfolgt nahe auf das Ereignis (zeitlich).
- Nähe → Der Einsatz wird am Ereignisort durchgeführt (oft auch zu Hause bei den Betroffenen).
- Salutogenetisch → Die Unterstützung soll wiederermächtigend sein.

Unter Salutogenese wird verstanden, dass ein Mensch aufgrund seiner inneren und äußeren Ressourcen auch ein traumatisches Ereignis ohne bleibende Schäden überstehen kann.

Nötig hierzu sind:

Verstehbarkeit
Der Mensch muss lernen, das Geschehene zu verstehen und in sein Wertesystem einzuordnen.
Handhabbarkeit/Bewältigbarkeit
Versteht ein Mensch das Geschehene, so kann er eher damit umgehen und es bewältigen. Er bekommt das Gefühl von Sicherheit und Kontrolle über sein Leben wieder zurück.
Sinnhaftigkeit/Bedeutsamkeit
Die Zukunft muss wieder mit Zielen ausgestattet werden, damit das Leben wieder einen Sinn bekommt.

Ein wichtiges Mittel für die Rückgewinnung der Sinnhaftigkeit und Bedeutsamkeit ist die Trauer. Dabei zeigt der Mensch seinen erlittenen Verlust nach außen (natürlich ist das in gewissen Kulturen anders) und versucht so, einen Weg zu finden, um die verlorene Person in Erinnerung zu behalten.

Gelingt diese Wiederermächtigung, also die Rückgewinnung der Sinnhaftigkeit und Bedeutsamkeit nicht, kann es zur posttraumatischen Belastungsstörung (PTBS) kommen.

Aus den letzten Worten wird klar, dass es für die Unterstützung von Sportlern bei einem Notfall eine speziell ausgebildete Fachperson – wie einen Notfallpsychologen oder Theologen – braucht. Obschon Sportpsychologen von der Notfallpsychologie bestimmt gehört haben, wird ihnen die Erfahrung im Umgang mit diesen belastenden Situationen u. U. fehlen.

Ein solcher Auftrag / ein solches Projekt beschränkt sich auf wenige Stunden bis einige Tage. In diesem Fall wird es keine normale Zusammenarbeit in Form des Projektmanagements geben. Bei einem Notfall wird die Fachperson in der Analysephase einzig die Mitteilung erhalten, was genau vorgefallen ist – hierbei ist es wichtig, dass sie alle zur Verfügung stehenden Informationen erhält (aber keine Gerüchte). Da das Ziel in jedem solchen Fall ist, die betroffenen Personen zeitnah in den Alltag zurückzuführen, wird die Fachperson umgehend mit der Betreuung der Betroffenen beginnen.

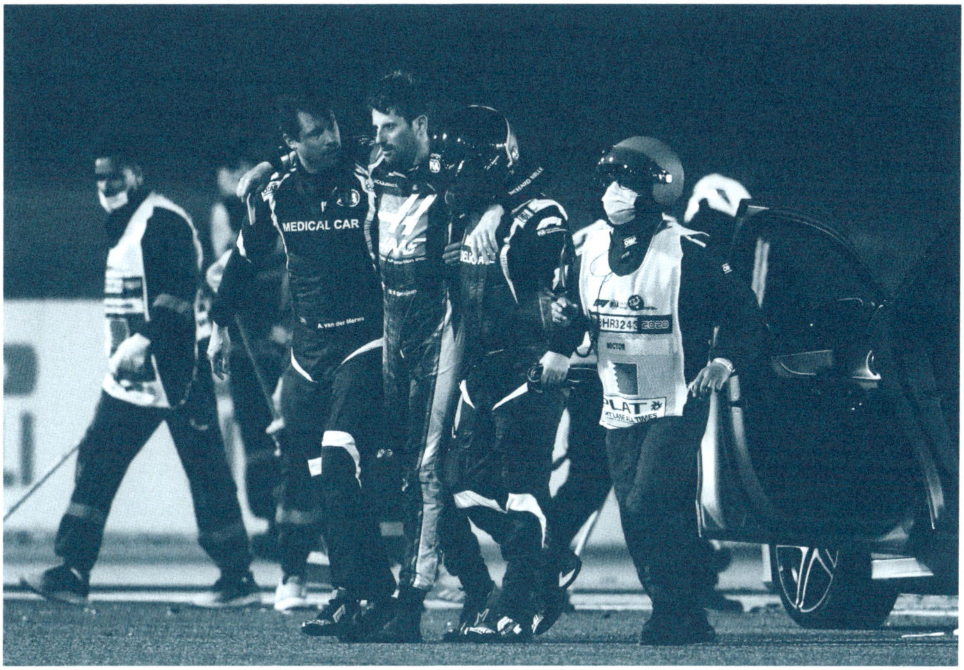

13.3. AKUTE PROBLEME

Mit akuten Problemen ist eine schwierige Situation/Lage oder eine schwierige Zeit für einen Sportler oder eine Mannschaft gemeint. «Ein Problem definiert sich aus der Diskrepanz zwischen einem Ist- und einem Sollzustand.» (Meyer, 2011, S. 18) Zu einem akuten Problem kann es aus verschiedenen Gründen kommen (eine nicht abschließende Auswahl):

- viele negative Ereignisse hintereinander (Niederlagen)
- Rückfall in einer Rangliste (z. B. auf einen Abstiegsplatz im Fußball)
- Verletzung eines Sportlers
- Ausfälle von Schlüsselspielern
- Problemspieler
- Trainerwechsel: wird oft als Verbesserung verstanden. Ein neuer Trainer muss sich aber erst im Team zurechtfinden und Akzeptanz erhalten.
- negative Folgen aufgrund Schiedsrichterentscheidungen

14. KOMMUNIKATION

In der sportpsychologischen Betreuung läuft vieles über Gespräche, sodass der Kommunikation eine große Bedeutung zukommt. Es sind zwingend einige Regeln zu beachten.

14.1. KOMMUNIKATION ALLGEMEIN

«Kommunikation ist ein interaktiver Prozess, der den Austausch von Informationen beinhaltet und der gemeinschaftlich Lösung von Problemen dient.» (Becker, 2011) Der Austausch von Informationen kann mündlich oder nonverbal, d. h. über die Körpersprache, Mimik oder Gestik, aber auch schriftlich oder bildlich geschehen. Sobald zwei oder mehr Menschen zusammenkommen, wird kommuniziert. So ist beispielsweise das Erscheinen oder das Fernbleiben eines Spielers bei einem Training bereits mit Informationen gefüllt. Darum ist es nach Paul Watzlawick als Mensch nicht möglich, nicht zu kommunizieren. (Watzlawick et al., 2011)

Gemäß Schulz von Thun (2009) braucht es bei der Kommunikation immer einen Sender und einen Empfänger einer Nachricht. Um die Kommunikation zwischen Menschen zu verstehen, hat Schulz von Thun ein Kommunikationsmodell (Abbildung 3) erarbeitet. Dieses Modell besagt, dass jede Nachricht auf vier verschiedenen Ebenen ausgesprochen bzw. verstanden werden kann.

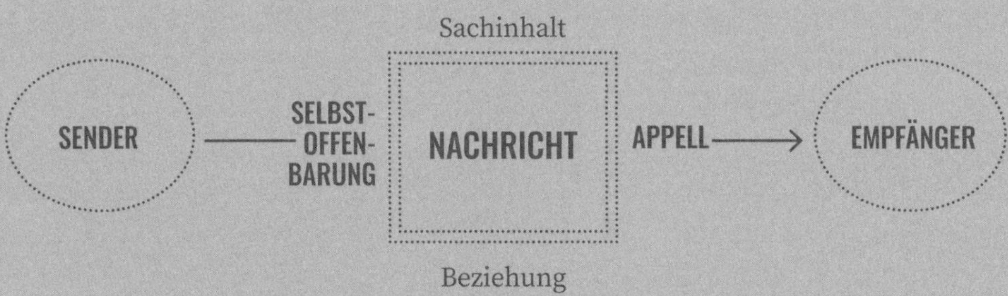

Abbildung 3, Kommunikationsmodell, Quelle: Schulz von Thun, 2009

Sachebene
Was ist der offensichtliche Inhalt der Nachricht?
Appellebene
Zu welcher Handlung will diese Nachricht auffordern?
Beziehungsebene
Was sagt die Nachricht über die Beziehung zwischen Sender und Empfänger aus?
Selbstoffenbarungsebene
Welche Informationen gibt der Sender über sich selbst preis?

Der Sendende übermittelt dem Empfangenden eine Nachricht, indem er einen Text formuliert. Ein solcher Text enthält immer alle vier Nachrichtenebenen. Diese Ebenen werden vom Sendenden jedoch verschieden gewichtet. Entsprechend unterschiedlich kann dieselbe Nachricht formuliert sein. Vielfach geschieht die Gewichtung einer Nachricht unbewusst. Auf der anderen Seite steht es dem Empfänger frei, auf welche Ebenen er beim Empfangen der Nachricht reagieren will. Durch die vielen Möglichkeiten, die sich so offenbaren, entstehen vielfach Kommunikationsprobleme. Ein Sportpsychologe muss sich dieser Problematik zu jeder Zeit bewusst sein und bei Gesprächen, aber auch in Trainings oder bei Diskussionen mit Drittpersonen darauf achten. Es ist Sache des Sportpsychologen einzuschreiten, wenn er feststellt, dass die Kommunikation nicht auf denselben Ebenen geschieht. Versteht ein Sportler eine Aufforderung, eine Übung ein weiteres Mal zu wiederholen, als Appell, der Trainer sendete es aber auf der Sachebene, kann das dazu führen, dass der Sportler genervt reagiert oder allenfalls sogar blockiert.

Wer vorbildlich kommunizieren will, sollte nachfolgende Leitsätze beachten (in Anlehnung an Kastner, 2004):

Ernst nehmen
Die Gesprächspartner müssen sich gegenseitig ernst nehmen.

Begriffe klären
Jede an der Kommunikation beteiligte Person muss unter einem verwendeten Begriff dasselbe verstehen. «Es erscheint nicht sonderlich ethisch, nach verlorener Debatte zu argumentieren, man habe das ja ganz anders gemeint.» (Kastner, 2004)

Sender ist für den Empfang mitverantwortlich
Der Sender einer Nachricht hat darauf bedacht zu sein, dass die Aussage beim Gegenüber – dem Empfänger – richtig ankommt. Da der Empfänger die Problematik jedoch oftmals nicht kennt, ist es Sache desjenigen, der das Gespräch leitet – im vorliegenden Falle also der Sportpsychologe.

Manipulationen verkneifen
Sprache verleiht Macht! Menschen mit Aussagen zu verwirren, abzulenken, zu provozieren oder zu beleidigen, ist ein absolutes Tabu. Offenheit und Transparenz sind wichtig.

Den anderen verstehen
Wer sein Gegenüber verstehen will, muss aktiv zuhören. Unter aktivem Zuhören wird verstanden, dass der Empfänger der Nachricht das Gehörte in seinen eigenen Worten wiederholt und vom Sender so die Bestätigung abholt, dass er alles richtig verstanden und interpretiert hat.

Meinungen respektvoll austauschen und tolerieren
Eine offene und transparente Kommunikation kann nur stattfinden, wenn alle beteiligten Personen ausreden dürfen und immer aktiv nach ihrer Meinung gefragt werden. Jemandem seine eigene Meinung aufzudrängen, ist zu jeder Zeit zu verhindern.

Vertrauenskultur
Wie schon in Kapitel 6 erwähnt, ist für eine Zusammenarbeit zwischen dem Sportpsychologen und dem Sportler das Vertrauen das mitunter wichtigste Gut. Offene, ehrliche, einfache und verständliche Kommunikation helfen dabei.

«Nichtkommunizieren»
Nicht auf eine Frage oder ein Anliegen einer anderen Person zu reagieren, kann sehr verletzend sein. Das heißt, es bedarf bei Gesprächen immer der Bereitschaft aller Beteiligten. Ist jemand nicht bereit, sollte das Gespräch unterbrochen und neu angesetzt werden.

Ein Sportpsychologe muss sich noch einer weiteren Problematik bewusst sein – des sogenannten «Eisbergs». Das Eisbergmodell (Abbildung 4) besagt, dass nur ein kleiner

Teil eines Menschen für die Person selber bewusst bzw. für Außenstehende sichtbar ist. Dieser Teil ist die Spitze eines Eisberges, die aus dem Wasser ragt. Ein großer Teil geschieht unbewusst bzw. ist unsichtbar, das ist der sich im Wasser befindende Teil des Eisberges. Aus dem Wasser ragen Fakten und Informationen. Auf dieser Ebene können Ziele, Strukturen und Absichten besprochen und sichtbar gemacht werden. Im Wasser verstecken sich Stimmungen, Gefühle, Vorstellungen, die Motivation etc. Darin verbergen sich Ängste z. B. vor der Veränderung oder dem Versagen, Blockaden, Rivalitäten, aber auch Hoffnungen. (Doppler & Lauterburg, 2002). Diesen unteren Teil des Eisbergs muss ein Sportpsychologe immer im Auge behalten. Wer eine Person gut beobachtet und ihr aufmerksam zuhört, wird auch Unsichtbares wahrnehmen und ist verpflichtet, diese Auffälligkeiten direkt anzusprechen und so auch für den Sportler bewusst zu machen.

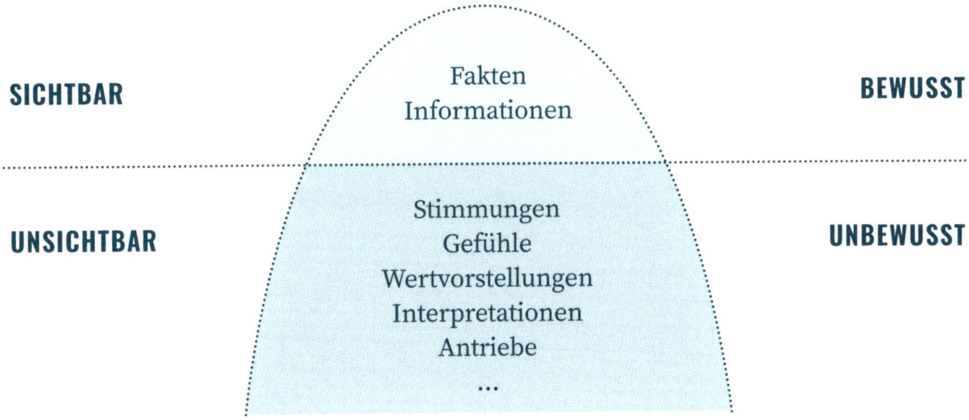

Abbildung 4, Eisbergmodell, Quelle: Projekte leicht gemacht

Es gibt zudem ein paar Satzarten, die in der Kommunikation mit Sportlern tunlichst zu unterlassen sind, da sie falsche Gefühle auslösen können. Diese sind (Baumann, 1993):

- «Du darfst den Gegner nicht unterschätzen.» ➔ Hierbei wird Angst geschürt.
- «Wir dürfen kein frühes Tor kassieren.» ➔ Sonst geschieht was?
- «Wir dürfen keine Gelbe Karte riskieren.» ➔ Aber was geschieht, wenn doch?
- «Hoffentlich machst du nicht wieder denselben Fehler.» ➔ Eine Betonung darf nie auf den Fehlern liegen.
- «Vergiss nicht, was ich dir gesagt habe.» ➔ Was geschieht, wenn ich es doch tue?

14.2. COACHING

Vielfach wird in der sportpsychologischen Arbeit mittels der sogenannten «Coaching»-Gespräche gearbeitet. Bei einem Coaching-Gespräch geht es immer um eine Lösungsfindung.

Das Coaching-Verständnis in der sportpsychologischen Betreuung basiert auf Annahmen aus dem systemischen Ansatz der Psychotherapie. Dabei wird nicht auf die einzelnen Personen an sich eingegangen, sondern auf diese in der Interaktion mit anderen Menschen. «Systemische Sichtweisen sind darum bemüht, die Probleme von Menschen in ihrer Vernetzung zu anderen zu verstehen.» (Haberleitner et al., 2006, S. 35 ff.) Hierbei wird davon ausgegangen, dass jeder Mensch einzigartig ist und die Welt anders wahrnimmt. Neben diesen Grundannahmen wird Coaching vor dem Hintergrund angewendet, dass der Selbstwert und das Selbstvertrauen eines Sportlers gefördert werden, wenn ihm die Möglichkeit geboten wird, eigenverantwortlich Erfolgserlebnisse zu erringen. «Seine Grundbedürfnisse nach Entwicklung, Selbstverwirklichung, Einflussnahme und Anerkennung werden dadurch befriedigt.» (Haberleitner et al., 2006, S. 20) Bei systemischem Coaching wird der Sportpsychologe dem Sportler nie Tipps geben. Der Sportler erarbeitet das Ergebnis selbstständig, der Sportpsychologe unterstützt ihn dabei durch spezifische Fragen.

Jedes Coaching-Gespräch setzt eine Zielsetzung voraus und endet mit der Erreichung dieser. In Kapitel 2 wurden die Ziele für die Zusammenarbeit in der sportpsychologischen Betreuung erläutert. Die Ziele des Coachings können aber auch separate Ziele sein, die eigens für das Coaching-Gespräch definiert werden – jedoch immer die Erreichung der Hauptziele im Fokus behalten. Oft ist es so, dass in einem Coaching-Gespräch ein Sportler das erste Mal erfährt, dass er ein Problem als Problem empfinden darf. Alleine die Wertschätzung und das Anerkennen des Problems durch den Sportpsychologen werden einen wichtigen Schritt zur Problemlösung darstellen, da der Sportler ein erstes Mal loslassen kann.

Der Sportpsychologe wird bei Coaching-Gesprächen wie folgt vorgehen (De Jong & Berg, 2003, S. 42):

1. Beschreibung des Problems
2. Wohlformulierte Ziele entwickeln
3. Suchen nach Ausnahmen
4. Rückmeldung am Ende der Sitzung
5. Einschätzung des Fortschrittes

Zu Beginn des Gespräches wird der Sportpsychologe den Sportler immer darum bitten, seine Situation zu schildern.

Im zweiten Schritt geht es darum herauszufinden, was sich für den Klienten verändern würde, wenn er sein Problem gelöst hätte. Es wird die Wunderfrage («Stellen Sie sich vor, wie es wäre, wenn ...?») gestellt. Diese Frage dient der Einschätzung der Tragweite des Problems und suggeriert dem Sportler bereits ein erstes Mal, wie es sein könnte, ohne das Problem zu leben. Im weiteren Gesprächsverlauf wird erfragt, ob es vielleicht schon Momente im Leben des Sportlers gegeben hat, in denen sich der Sportler trotz des Problems gut gefühlt hat bzw. wo er mit dem Problem gut umgehen konnte. Daraufhin wird herausgearbeitet, wie es zu solchen Ausnahmesituationen gekommen ist und wie man diese wieder erreichen könnte. Am Ende eines Gespräches unterstreicht der Sportpsychologe die Punkte (auch Ressourcen und Fähigkeiten), die der Sportler schon zur Problemlösung unternimmt bzw. was er bereits erreicht hat, und gibt ihm darauf basierend Vorschläge zum weiteren Vorgehen. Hierbei wird er ihm nie nur einen Vorschlag aushändigen, sondern immer einen «Blumenstrauß» voll. Blumenstrauß bedeutet, dass der Sportler mehrere gangbare Möglichkeiten zur eigenen Bearbeitung seiner Probleme außerhalb des psychologischen Kontexts erhält. Ganz zum Abschluss wird ein Sportpsychologe dem Sportler immer etwas Positives sagen, damit das Gespräch in guter Erinnerung bleibt und der Sportler gewillt ist, auch außerhalb des Beratungskontextes zu arbeiten.

Beim nächsten Gespräch wird der Sportpsychologe zu Beginn des Gespräches abfragen, wie der Sportler seine Fortschritte einschätzt. Dies wird anhand einer Skalierung – meist von 1 bis 10 (1 = gar nicht, 10 = sehr viele Veränderungen erlebt) – getan. Es ist also immer der Sportler, der arbeitet und entscheidet und seine Situation einschätzt.

Wie erwähnt, basiert der Ansatz des Coachings auf der Annahme, dass jeder Mensch einzigartig ist und die Welt anders wahrnimmt. Der lösungsorientierte Ansatz geht dabei noch etwas weiter und baut darauf auf, dass

- jeder Mensch Probleme auf eigene Art bewältigt;
- jeder Mensch über Ressourcen zur Bewältigung verfügt;
- jeder Mensch andere Probleme hat, d. h., es kann nicht von einem Fall auf einen anderen geschlossen werden;
- jedem Menschen es einfacher fällt, mit etwas Neuem zu beginnen, als mit etwas aufzuhören.

Dabei sollen in Anlehnung an Haberleitner et al. (2006, S. 25 f.) folgende Prozesse bei einem Sportler berücksichtigt werden:

- Durch Coaching wird eine Entwicklung des Sportlers in Gang gesetzt, die sowohl an der Aufgabenreife (Fähigkeiten, Fertigkeiten) als auch an der psychologischen Reife (Selbstvertrauen, Mut, Motivation, Sinn des Tuns, Bereitschaft zur Übernahme von Verantwortung) ansetzt. Dabei traut der Sportpsychologe dem Sportler etwas zu und anerkennt seine Fähigkeiten.
- Coaching ist die Unterstützung bei der Problemlösung, und zwar in einer Form, die die Lösungskompetenz des Sportlers fördert und entwickelt (Hilfe zur Selbsthilfe).
- Durch Coaching soll eine dauerhafte Verbesserung der Resultate erzielt werden.
- Coaching ist ein vertraulicher Prozess.
- Coaching heißt «Fordern und Fördern», nicht «Liebsein und Verwöhnen».
- Durch Coaching wird der Sportler vom Betroffenen zum Beteiligten, der sich seiner eigenen Gestaltungsmöglichkeiten bewusst wird und zunehmend Vertrauen in seine eigenen Fähigkeiten erlangt und diese Fähigkeiten auch im Sinne der Zielerreichung einsetzt.
- Coaching ist ein gemeinsamer Entwicklungsprozess zwischen dem Sportpsychologen und dem Sportler und kann somit nicht verordnet werden. Zwangscoaching kann es nicht geben, da der Sportler letztlich die Verantwortung trägt.

Auch an den Sportpsychologen gibt es gewisse Anforderungen:

«So verfügt der Super-Coach über das emotionale Verständnis der Ehefrau, versteht eine Menge vom Berufsleben, kennt als Führungskraft das Leben im Unternehmensdschungel mit seinen Spielregeln und Zwängen, besitzt therapeutische Kompetenzen, ohne sich aber wie ein Psychotherapeut zu verhalten. Er besitzt die innere Einstellung eines zum Sieg entschlossenen Leistungssportlers und weiß, dass es außer der Arbeit auch andere Werte gibt.» (Baisch, 1988, S. 34-37)

Um seinem Job als «Super-Coach» möglichst nahe zu kommen, setzt der Sportpsychologe auf folgende Werkzeuge:

- Er schafft eine vertrauensvolle Beziehung.
- Er hört aktiv zu. Besser noch: Er hört hin.
- Er ist in einem Gespräch mit seiner vollen Aufmerksamkeit beim Sportler und bewertet dessen Aussagen nicht.

- Er achtet stets auf die Gesprächsdynamik, die Körpersprache, Mimik des Sportlers und ist sich seiner eigenen Reaktionen bewusst. Gleichzeitig ist er in der Lage, die Meta-Ebene einzunehmen und aus der Vogelperspektive das Gesprächsgeschehen zu beobachten und entsprechend zu beurteilen.
- Er fragt den Sportler nach seinen Erwartungen.
- Er variiert seine Fragearten, benutzt z. B. offene Fragen («Was würde passieren, wenn ...?»), hypothetische Fragen («Wer würde es als Erstes merken?»), Lösungsfragen («Was würde dir eine Veränderung bringen?») oder rhetorische Fragen («Ich erwarte keine Antwort, aber überlege dir ...»), stellt aber nie Suggestivfragen («Dir ist doch sicher auch bekannt, dass ...»).
- Er fragt nach Zusammenhängen, Beziehungen, Beschreibungen, aber auch nach der Zukunft (Ziel, Vision), nach Alternativen, Unterschieden und Ausnahmen.
- Er stellt Informationen klar, fasst zusammen und visualisiert die Ergebnisse für den Sportler.
- Er gibt und nimmt Feedback an.

Wichtig ist, dass mit Coaching-Gesprächen erst begonnen wird, wenn eine vertrauensvolle Basis zwischen dem Sportpsychologen und dem Sportler vorhanden ist und die aus der Analysephase entstandenen Ziele – wie weiter oben erläutert – definiert sind.

Kommt es während des Coaching-Prozesses zu Problemen, kann dies zahlreiche Gründe haben. Dazu gehören das mangelnde gegenseitige Vertrauen, dass sich das Gespräch immer um dasselbe dreht und der Sportpsychologe nicht mit gezielten Fragen diesen Kreislauf durchbricht, dass sich der Psychologe falsch bzw. unverständlich ausdrückt, dass das Problem nicht ernst genug genommen wird oder dass der Sportpsychologe versucht zu überzeugen statt zu coachen.

14.3. TIEFENINTERVIEW

Als Sportpsychologe ist es auch möglich, Gespräche mit dem sogenannten Tiefeninterview zu führen. Diese Form ist sehr intensiv und verfolgt das Ziel, an unbewusste Mechanismen zu gelangen. Ein solches Gespräch dauert grundsätzlich länger als beispielsweise ein Coaching. Die Gesprächsführung ist sehr offen und es ist durchaus üblich, vom eigentlichen Thema abzuweichen. Dies kann jedoch durchaus wichtige Informationen und Emotionen liefern. Der Sportler beschreibt sein Tun und der Sportpsychologe nutzt Werkzeuge wie z. B. das Spiegeln oder Provozieren, um in die «Tiefe» zu gelangen.

Es gilt zu berücksichtigen, dass Coaching und Tiefeninterview zwei unterschiedliche Methoden sind. Es ist nicht so, dass die eine besser oder schlechter als die andere wäre. Am Ende ist es individuell zu klären, wie der Sportpsychologe arbeitet bzw. was für den Sportler von größerem Nutzen ist.

14.4. FEEDBACK

Feedback ist eine offene Rückmeldung und dient insbesondere der Entwicklung einer «gesunden emotionalen Beziehung als Voraussetzung für effektive Zusammenarbeit» (Doppler & Lauterburg, 2002, S. 289). Beim Feedback geben sich der Sportpsychologe und der Sportler eine gegenseitige Rückmeldung bezüglich der gemachten Wahrnehmungen. Das Geben und Nehmen von Feedback hilft, Missverständnisse zu klären und ermöglicht die Verbesserung der zwischenmenschlichen Beziehungen. Das gewonnene Vertrauen ist mit dem Wissen um das eigene Verhalten und dessen Wirkung die Grundlage zur Verhaltensänderung.

In der Arbeit zwischen einem Sportpsychologen und einem Sportler ist das Feedback-Geben von großer Bedeutung. Oft werden aber Aussagen missverstanden, denn Feedback-Geben ist nicht immer einfach. Von den Feedbacknehmenden wird das Feedback oft als verletzende Kritik aufgefasst. Daher ist es grundlegend, dass angesagt wird bzw. gezielt gefragt wird, dass ein Feedback gegeben werden möchte und dass sich daraufhin beide Seiten bereit erklären dazu. Je persönlicher oder je wichtiger ein Feedback ist, umso wichtiger ist der Kontext, in dem es gegeben wird.

Bei jedem Feedback handelt es sich um eine persönliche Einschätzung bzw. Beobachtung des Feedbackgebers. Daher ist die wichtigste Feedbackregel, die Situation jeweils nur zu beschreiben und nicht zu bewerten. Dabei soll ein konstruktives Feedback gegeben werden, und dies so einfach, kurz, fokussiert und spezifisch wie möglich, und auf bewertende, verallgemeinernde oder langatmige Aussagen soll verzichtet werden. Feedbacks sollen gegeben werden, wenn bei einer Person etwas zum Verbessern aufgefallen ist, aber auch als Lob. Positive Rückmeldungen wirken motivierend und helfen Personen, ihre eigenen Stärken zu erkennen. Werden Feedbacks als persönliche Attacke aufgefasst, werden sie beim Sportler Ärger, Enttäuschung und somit zusätzliche Belastungen hervorrufen (Baumann, 2015). Dies muss auf jeden Fall verhindert werden, und deshalb sollten folgende Feedbackregeln beachtet werden:

- Auf das Selbstwertgefühl des anderen Menschen achten.
- Konkrete Hinweise anbringen.
- Zeitnah die Feststellung überbringen, damit sich beide Parteien noch daran erinnern können.
- Ich-Botschaften aussenden («Mir ist aufgefallen, dass ...»).
- Beschreiben und sachlich beurteilen, nicht etwas hineininterpretieren.
- Bei «negativem» Feedback, wenn immer möglich, immer gleich Verbesserungsmöglichkeiten aufzeigen.

Jedes – vor allem «negatives» – Feedback ist ein Geschenk. Es ist eine Chance, das eigene Verhalten zu verbessern.

15. BLUMENSTRAUSS – ÜBERBLICK ÜBER MÖGLICHE SPORTPSYCHOLOGISCHE INTERVENTIONS-MASSNAHMEN

Die im folgenden Kapitel beschriebenen möglichen sportpsychologischen Interventions-Maßnahmen sind nicht abschließend. Es ist eine Auswahl an Möglichkeiten, und diese werden nur im Groben erläutert und mit einer konkreten, direkt anwendbaren Interventions-Beispielaufgabe untermauert.

Viele der Interventions-Beispiele lassen sich auch auf andere Maßnahmen anwenden. So kann beispielsweise die unter Kapitel 9 genannte Eigen-/Fremdbild-Übung auch bei der Veränderung der Einstellung eingesetzt oder die Übung mit den Stärken-Post-its als Persönlichkeitsentwicklungs-Tool genutzt werden.

Für Details sowie weitere Interventions-Möglichkeiten und Ideen kann auf zahlreiche Literatur zurückgegriffen werden (z. B. wie erwähnt, aus dem gleichen Verlag auf das Buch «Mentales Training im Leistungssport» von Kai Engbert).

15.1. PERSÖNLICHKEITSENTWICKLUNG

Ob ein Sportler seine sportlichen Ziele in der gewünschten Form erreichen wird, wird auch ein Sportpsychologe bzw. die sportpsychologische Unterstützung nicht gewährleisten. Sie bietet mit Bestimmtheit einen Mehrwert. Garantie kann sie nicht sein. Daher sollte sie immer einem weiteren zusätzlichen Ziel folgen, dem der Persönlichkeitsentwicklung der Sportler.

Gemäß Baumann (2015) entsteht die Persönlichkeit eines Sportlers aus einer gelungenen Person-Umwelt-Beziehung. «Je stabiler die Persönlichkeit des Sportlers ausgebildet ist, desto unabhängiger wird er in seinem Selbstwertgefühl und seinem Selbstvertrauen von schwankenden Leistungen, von Sieg und Niederlagen, von Erfolg und Misserfolg.» (Baumann, 2015, S. 18)

Unter Selbstwertgefühl wird die Zufriedenheit mit sich und seinen Leistungen verstanden. Je höher diese Zufriedenheit ist, desto höher ist der Selbstwert. (Asendorpf, 2007) Verfügt jemand über einen niedrigeren Selbstwert, wird er versuchen, ihn aufrechtzuerhalten, um sich gut zu fühlen. Daher wird er sein eigenes Handeln rechtfertigen oder den Grund für ein Misslingen z. B. einer Übung nicht bei sich suchen, sondern auf andere Faktoren schieben – meist geschieht dies unbewusst. (Aronson et al., 2004)

Um den Selbstwert aufzubauen, braucht es ein Fundament: die sogenannte Selbstwirksamkeit. Bildlich kann die Selbstwirksamkeit durch einzelne Legosteine dargestellt werden. Jeder Stein steht für eine Fähigkeit oder eine Fertigkeit, in die der Sportler Vertrauen hat, etwas, wo er realisiert: «Das kann ich», «Darauf kann ich mich verlassen». Der Selbstwert ist dann ein Turm aus diesen Legosteinen. Je mehr einzelne Steine dem Sportler zur Verfügung stehen, desto größer und stabiler wird sein Selbstwert sein.

Ein weiterer wichtiger Faktor der Persönlichkeitsentwicklung ist die Selbsterkenntnis. Es geht dabei um die Frage nach dem «Wer bin ich?». Jeder Sportler wird in seinen Ansichten und Meinungen von der Umwelt beeinflusst und würde gerne einem Idealbild entsprechen. Das Idealbild bildet sich der Sportler selbst. Es entsteht durch die eigene Vorgabe, wie der Sportler gerne sein möchte, und wie er denkt, dass die Umwelt ihn gerne hätte. Liegen die beiden Vorgaben zu weit auseinander, muss der Sportler etwas unternehmen. Er versucht beispielsweise, sich so darzustellen, wie er denkt, dass er wahrgenommen werden möchte, er versucht sich beliebt zu machen oder er schafft sich selber Hindernisse, um eine Entschuldigung zu haben, wenn etwas nicht nach Wunsch klappt. (Aronson et al., 2004)

Einfluss auf die Persönlichkeit hat auch das Temperament eines Sportlers. Hierzu gibt es diverse Theorien. Allgemein kann gesagt werden, dass es beim Temperament immer um die «drei A der Persönlichkeit: Affekt, Aktivierung und Aufmerksamkeit» (Asendorpf, 2007, S. 178) geht. Diese drei As haben zur Folge, dass ein Sportler von seiner Art her eher introvertiert oder extrovertiert bzw. stabil oder labil ist. Introvertiert-stabile Persönlichkeiten sind oft ruhig, besorgt, friedlich, zuverlässig und gleichmäßig gelaunt, introvertiert-labile eher still, reserviert, ängstlich und launisch. Extrovertiert-stabile Persönlichkeiten werden meist gesellig, lebhaft, sorglos und anführend erlebt, extrovertiert-labile aktiv, impulsiv, erregbar und empfindlich.

Ebenfalls Einfluss haben die sozialen Beziehungen des Sportlers. Jeder Sportler wird in seinem Umfeld Bezugspersonen haben, zu denen er eine soziale Bindung hat und daher beeinflusst wird. Das können neben dem sportlichen Umfeld Familienmitglieder oder Freunde/Kollegen sein, aber auch Manager oder Ähnliches.

Ein Sportpsychologe sollte sich der erwähnten psychischen Vorgänge jederzeit bewusst sein, ihnen Rechnung tragen und entsprechend auf den Sportler eingehen können. Zudem sollte sich der Sportpsychologe seiner pädagogisch-psychologischen Aufgabe bewusst sein und sich in die Verantwortung nehmen, die Gesamtentwicklung eines Sportlers im Blick zu behalten.

15.1.1. INTERVENTIONS-BEISPIELAUFGABE – PERSÖNLICHKEITSENTWICKLUNG

BEISPIEL

Selbstreflexion
Ohne Reflexion geht es im Leben nicht. Doch oftmals geschieht diese unbewusst oder «by the way». Sich mal Zeit nehmen und zu überlegen, was läuft gerade gut, was ist schwierig, ist eine hilfreiche Methode, um persönliche Herausforderungen zu meistern. Dabei geschieht auch immer eine Weiterentwicklung.

Aufgabe
Sich jeden Abend notieren, was den größten Glücksmoment und was die größte Herausforderung des Tages war. Oftmals neigen Menschen dazu, keinen Glücksmoment und unzählige Herausforderungen zu finden. Daher – sich bewusst auf je eines einlassen!

15.2. MOTIVATION

Wer im Sport Höchstleistungen erbringen will, verfügt über ein «hoch motiviertes Trainingsverhalten» (Brand, 2010, S. 18) und der Sportler verwirklicht «in diesem Tun seine Wünsche, Bedürfnisse, Erwartungen und Ziele» (Baumann, 2015, S. 142).

Doch wie erklärt es sich, dass ein Sportler auch beharrlich bleibt, wenn er Widrigkeiten oder Niederlagen ausgesetzt ist? Sein Handeln wird durch Antriebsfaktoren ausgelöst – die sogenannte Motivation. Motivation wird abgeleitet aus dem Lateinischen «movere», was so viel bedeutet wie «bewegen». «Motivation ist der allgemeine Begriff für alle Prozesse, die der Initiierung, der Richtungsgebung und der Aufrechterhaltung physischer und psychischer Aktivitäten dienen.» (Gerrig & Zimbardo, 2008, S. 414) Mit anderen Worten: Motivation beinhaltet all das, was den Menschen antreibt, eine Tätigkeit auszuführen, und ist «das Ergebnis von situativen Anreizen (z. B. Erfolgswahrscheinlichkeit) und internen Personenfaktoren» (Alfermann & Stoll, 2012, S. 25).

- Intrinsische Motivation: Ich will Erfolg haben! Ich bin verantwortlich.
- Extrinsische Motivation: Ich mache es des Erfolges wegen.

Hochleistungssport sollte nur mit intrinsischer Motivation ausgeführt werden, und der Sportler sollte sich seiner Beweggründe, warum er etwas tut, immer bewusst sein. Meist geht es dem Sportler um Wertschätzung und/oder Selbstverwirklichung. Nur wenn er sich dessen bewusst ist, kann er «den Wert und den Sinn der Tätigkeit für sein Leben bewusst erkennen» (Baumann, 2015, S. 142).

Nicht immer wird es einem Sportler gelingen, sich selbst zu motivieren. In einem solchen Fall sind motivierende Interventionen erforderlich. «Die Erfahrung lehrt, dass Bestleistungen von Sportlern in der Regel dann erbracht werden, wenn sie sich wohlfühlen, wenn sie mit Freude, guter Laune, Spaß und Zufriedenheit erfüllt sind.» (Baumann, 2015, S. 142 ff.) Das bedeutet, dass z. B. in den Trainings Wert darauf gelegt werden muss, dass eine lockere, freudige Stimmung und ernsthafte Leistungsbereitschaft herrscht. Zudem kann sich ein Sportler mittels Affirmation (negative Gedanken durch positive Gefühle ersetzen) oder positiver Selbstanweisung (Tu das! Ich kann ...!) selber motivieren.

Die Aufgabe des Sportpsychologen besteht dabei darin zu erkennen, was der Sportler braucht, und ihm entsprechende Werkzeuge zur Verfügung zu stellen.

Obschon es für eine erfolgreiche Karriere neben der Motivation eines Sportlers noch weitere Eigenschaften braucht, ist eine hohe Motivation ein wichtiger Faktor, und der Sportpsychologe kann in dem Bereich sehr viel Unterstützung bieten und ist gleichzeitig mitverantwortlich, dass die Motivation intrinsisch ist bzw. bleibt.

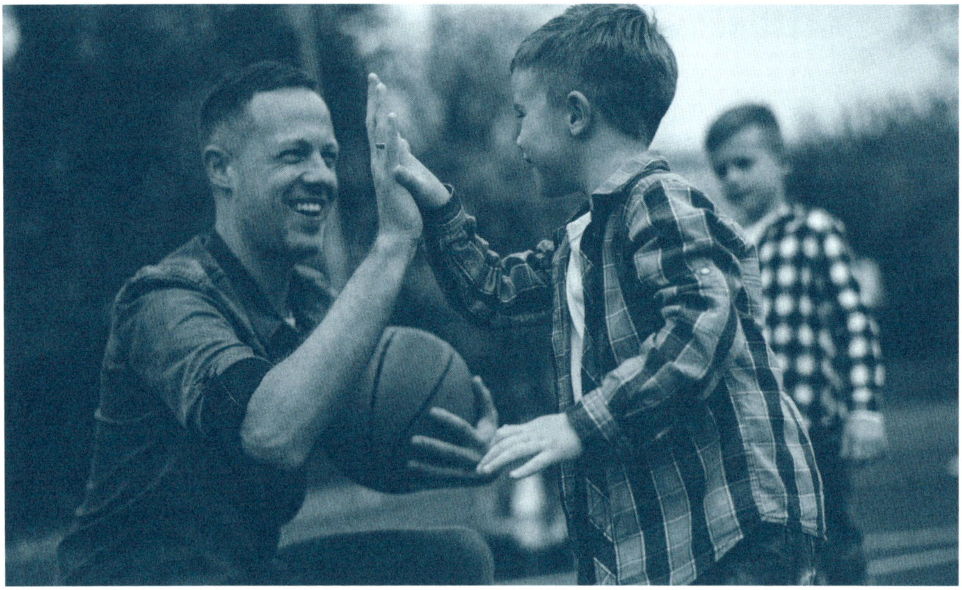

15.2.1. INTERVENTIONS-BEISPIELAUFGABE – MOTIVATION

BEISPIEL

Ziele setzen

Wie schon erwähnt, dienen Ziele der Motivation.

Aufgabe

Sich nach dem Aufstehen drei Ziele notieren, die am Tag erreicht werden sollen. Dabei nicht nur Leistungsziele setzen, sondern ruhig auch ein Ziel, das nur subjektiv beantwortet werden kann. Vor dem Zubettgehen (z. B. gemeinsam mit der erwähnten Selbstreflexion) abgleichen, ob die Ziele erreicht wurden. Wenn ja, super! Wenn nicht, kurz überlegen, woran es gelegen hat und wie es beim nächsten Mal gelingen kann. Bitte nicht jeden Tag dieselben Ziele setzen. Der Kopf liebt Abwechslung.

Tipp

Diese Möglichkeit eignet sich auch für einen Wettkampf. Als Beispiel ein Basketball-Spieler, der sich vor dem Spiel die Ziele «Aktiv in der Defense, zu jedem Rebound gehen und bei Einwechslung voll konzentriert aufs Spiel sein» setzt. Am Ende kann nur er bestimmen, ob er diese Ziele erreicht hat. Sollte das Spiel ansonsten nicht ganz nach Wunsch gelaufen sein, hat er hierüber die Möglichkeit, seinen Selbstwert stabil und seine Motivation hoch zu halten.

15.3. EMOTIONEN

Wer von Sport spricht, spricht immer auch von Emotionen. Wie oft begeistern Wettkämpfe aufgrund der unterschiedlichen Stimmungen der Akteure? Doch was sind Emotionen genau und warum sind sie in der Zusammenarbeit mit einem Sportpsychologen erwähnenswert?

Emotionen sind eine Befindlichkeit des Menschen. «Heutzutage definieren Psychologen Emotion als ein komplexes Muster körperlicher und mentaler Veränderung, darunter physiologische Erregung, Gefühle, kognitive Prozesse und Reaktionen im Verhalten als Antwort auf eine Situation, die als persönlich bedeutsam wahrgenommen wurde.» (Gerrig & Zimbardo, 2008, S. 454) Dabei werden positive und negative Emotionen unterschieden:

+ Freude, Begeisterung, Erregung, Mut
– Angst, Eifersucht, Ärger, Trauer, schlechte Stimmung

Emotionen können durch körperliches Empfinden, durch Umweltfaktoren oder aufgrund eigener Gedanken ausgelöst werden und haben die wichtige Eigenschaft, dass sie Menschen helfen, aktiv zu werden. Positive Emotionen steigern beispielsweise die Leistungsfähigkeit oder mindern Stress. Bei einem Sportler ist es wichtig, dass er sich über seinen emotionalen Zustand im Klaren ist, d. h., er muss sich seiner emotionalen Befindlichkeiten bewusst werden. (Baumann, 2015) «Unkontrollierte Emotionen, Affektreaktionen und ungezügelte Gefühlskonflikte gefährden das Zusammenleben der Sportler untereinander und auch die Entwicklung einer stabilen selbstsicheren Persönlichkeit.» (Baumann, 2015, S. 208 ff.)

Unter Affekt wird ein Erregungszustand verstanden, bei dem der Sportler die Kontrolle über sein Handeln verliert. Meist sind sie in Situationen anzutreffen, in denen der Sportler enormen psychischen Belastungen ausgesetzt ist. Die nachfolgenden Faktoren fördern Affekthandlungen (Baumann, 2015, S. 252 ff.):

Ermüdung
Dadurch sinkt die kognitive Kontrolle über den Körperzustand, d. h., die Abnahme psychischer Energie vermindert die psychische Steuerungsfähigkeit.

Minderwertigkeitsgefühle
Hier stellt die Affektreaktion eine Art Notwehrhandlung dar. Überforderungserlebnisse können durch Wut und Aggression verdeckt oder kompensiert werden.
Psychische Übersättigung
Dabei gründet der Affekt in einem allmählichen Aufstauen von Emotionen, die durch Gleichförmigkeit und Reizarmut hervorgerufen werden. Z. B. bei Schwimmern, die immer im gleichen Bad mit den gleichen Bodenplatten trainieren.
Angst
Sie stellt eine wesentliche Bedingung für die Entstehung von Affekten dar.
Erwartungsdruck
Selbst- und Fremderwartung können einen permanenten Spannungs- und Erregungszustand erzeugen, der durch zusätzliche Reize (z. B. negative Kritik) rasch zum affektiven Höhepunkt eskalieren kann.
Enttäuschung
Eine unrealistische Selbstüberschätzung, insbesondere das ausbleiben von Erfolg, kann affektive Aggressionen auslösen.

Von einem Sportler darf allerdings nie verlangt werden, dass er seine Emotionen unterdrücken muss. Es geht vielmehr um den Umgang und das Kanalisieren der Emotionen. Andauernde negative Emotionen wirken sich sowohl auf die kognitive Leistung (das Denken und die Wahrnehmung werden negativ beeinflusst) als auch auf den Energieverbrauch (negative Emotionen verbrauchen viel mehr Energie) aus. (Baumann, 2015)

Um einem Sportler das Bewusstsein seiner emotionalen Befindlichkeiten zu stärken, sollte ein Sportpsychologe ihm helfen, sein Körperbefinden zu regulieren. Nur ein Sportler, der «sich über den Zustand des In-Form-Seins bewusst» (Baumann, 2015, S. 252) ist und seine (in erster Linie positiven) Körpergefühle bewusst erlebt, wird seine Emotionen im Griff haben.

15.3.1. INTERVENTIONS-BEISPIELAUFGABE – EMOTIONEN

BEISPIEL Emotionen bewusst machen: Als erster Schritt geht es darum festzustellen, wann freudige und wann weniger freudige Emotionen gefühlt werden. Beide Situationen notieren. Im Anschluss daran herausfiltern, was mögliche Auslöser für die Emotion gewesen sein könnten – insbesondere bei den weniger erfreulichen. Der Auslöser wird meist eine Unzufriedenheit mit sich selbst oder gefühlte ungerechte Behandlung sein. Daraufhin kann überlegt werden, wie in Zukunft mit solchen Situationen umgegangen werden kann. Über das Bewusstsein lässt sich die nächste Situation dann besser steuern. Als Beispiel in einem Spiel, wenn ein Sportler das Gefühl hat, der Schiedsrichter habe zu Unrecht gegen ihn gepfiffen. Die Emotion wird auftreten, doch durch die vorangegangene Arbeit wird u. U. klarer, dass der Spieler so reagiert, weil er weiß, dass er einen Fehler begangen hat und das eigentlich nicht wollte. So wird es ihm einfacher gelingen, sich schneller wieder auf das Spiel zu konzentrieren.

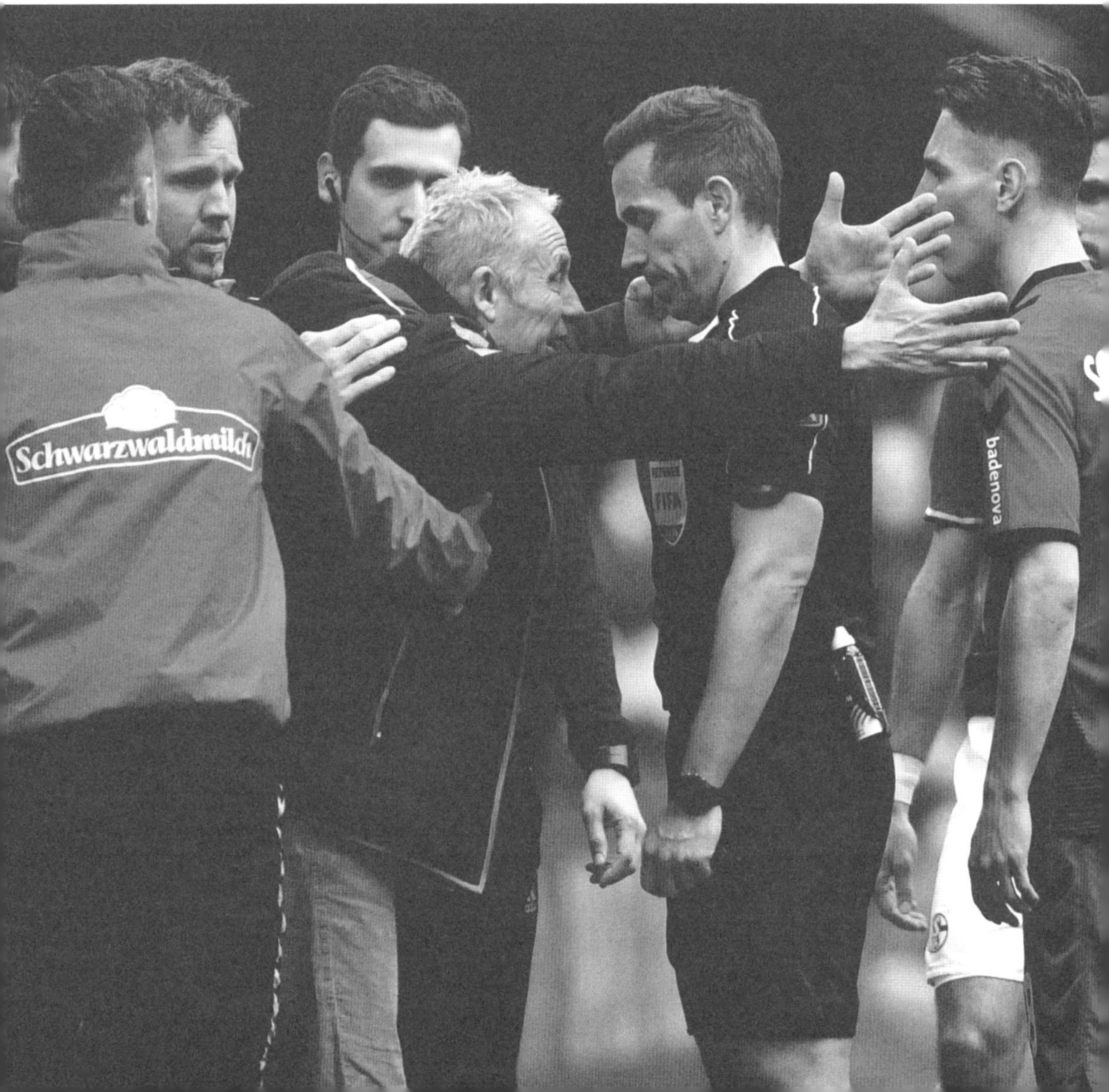

15.4. EINSTELLUNG

Die Einstellung eines Sportlers ist in aller Munde und gehört in jeden Sportleralltag. Es ist von «lascher» bis hin zu «hervorragender» Einstellung die Rede. Nicht selten ist zu hören, dass der Sportler seine Einstellung ändern müsse. «Häufig zeigt sich darin eine gewisse Hilflosigkeit, nämlich immer dann, wenn Ursachen für Versagen und Erfolg nicht klar akzentuiert werden können.» (Baumann, 2015, S. 191)

Einstellungen umfassen Ansichten und Überzeugungen in allen Lebensbereichen und sind für das Verhalten und das Handeln eines Menschen verantwortlich. Es sind Gewohnheiten, die der Mensch im Elternhaus, von Vorbildern oder aus eigener Erfahrung gelernt hat. «So gesehen, kann man sie als überdauernde Verhaltensdisposition verstehen, deren Veränderungen nur schwer zu bewerkstelligen sind.» (Baumann, 2015, S. 191 ff.) Einstellungen dienen dem Menschen der Vereinfachung, Vorhersage oder Rechtfertigung von Situationen und schaffen psychische Sicherheit.

Die Stabilisierung ist eng mit der emotionalen Befriedigung verknüpft. Vorhandene Einstellungen können durch positive Informationen vom Sportler selbst oder Außenstehenden gestärkt und somit stabilisiert werden. Änderungen sind schwieriger und zeitintensiver. «Ein Trainer, der die Einstellung seiner Mannschaft oder seines Schützlings verändern will, muss sich zunächst deren Aufmerksamkeitsbereitschaft sichern.» (Baumann, 2015, S. 191 ff.) Hierfür muss der Sportpsychologe den Sportler erreichen. Hilfreich sind Anreizwerte. Argumente, die Positives vermitteln, werden vom Sportler bevorzugt aufgenommen. Er wird hinhören und auch einer zusätzlichen Argumentation des Sportpsychologen – hinsichtlich der Einstellungsänderung – zuhören. Die Argumente müssen aber glaubwürdig sein. Zweifelt der Sportler an der Kompetenz des Sportpsychologen, wird er ihm keine Beachtung schenken und Macht ist der falsche Ansatz. (Baumann, 2015)

15.4.1. INTERVENTIONS-BEISPIELAUFGABE – EINSTELLUNG

BEISPIEL Geduld lernen: Geduld wird ständig vorausgesetzt. Doch gerade Sportler möchten immer ganz schnell eine Veränderung erreichen. Sich immer wieder bewusst zu machen, dass nicht immer gleich alles auf Anhieb klappen muss, ist wichtig. Hierzu ist es hilfreich, sich kleine Fortschritte / Erfolge zu notieren.

15.5. ANGST UND STRESS

Angst und Stress gehören zum Alltag eines Sportlers dazu. Wie oft kommt es doch vor, dass die Angst vor dem Gegner, Versagensängste oder Gefühle der Erschöpfung vor einem Wettkampf die Macht im Kopf eines Sportlers übernehmen? Meist sind beide Zustände objektiv betrachtet unbegründet. Doch was wird genau darunter verstanden?

Ängste

Reale Ängste beziehen sich immer auf Gefahrenobjekte und lösen eine Schutz- bzw. Fluchthandlung aus. Bei sozialen Ängsten fühlt sich der Sportler in seiner Identität bedroht, weil er denkt, dass er bei Nicht-Erreichen der Ziele keine Anerkennung des Trainers, der Eltern etc. mehr erhält. Versagensängste sind die Folge von zu hohen Erwartungen an sich selbst. «Diese Ängste resultieren aus Bereichen, die der Sportler selbst nicht kontrollieren kann. Er muss deshalb lernen, sich auf die Handlungsziele zu konzentrieren, die er selbst kontrollieren und bewältigen kann.» (Baumann, 2015, S. 276 ff.)

Stress

Unter Stress wird ein subjektiver, intensiver und unangenehmer Spannungszustand verstanden. Bei diesen Zuständen handelt es sich meist um Angst, Überforderung, Erschöpfung oder eine zu hohe Belastung. «Dieser negative Erlebniszustand kann durch konkrete Situationsanforderungen, aber auch durch deren gedankliche Vorwegnahme ausgelöst werden.» (Baumann, 2015, S. 282) Meist zeigen sich die Stresssymptome sowohl körperlich als auch psychisch und sind am Verhalten des Sportlers zu erkennen. Z. B.:

➔ erhöhter Herzschlag und Blutdruck ➔ Sorgen und Ängste ➔ schnelles Sprechen oder Nägelkauen

«Stress tritt auf, wenn vor oder während einer Handlung zwischen der Wahrnehmung, der Umweltanforderung und der Beurteilung der zur Verfügung stehenden eigenen Fähigkeiten und Mittel ein Ungleichgewicht entsteht und das Handlungsergebnis von subjektiver Wichtigkeit ist.» (Baumann, 2015, S. 282 ff.) Das heißt, das Resultat der Handlung fiel nicht so aus wie erwartet, und somit muss das Resultat neu eingeordnet werden. Hierfür greift der Sportler auf seine Erfahrungen und Einstellungen zurück.

Der Stress lässt erst nach, wenn es dem Sportler gelungen ist, das Resultat für ihn persönlich zufriedenstellend in seinen Gedanken einzubinden. (Asendorpf, 2007)

Grundsätzlich gilt, je höher das Selbstvertrauen eines Sportlers ist, desto besser kann er mit einem hohen Erregungsniveau umgehen. Allerdings gilt auch hier, je komplizierter eine Aufgabe, desto eher kommt es zu Stresssituationen. Wichtig ist, dass «nicht die Umwelt den Stress hervorruft, sondern deren subjektive Wahrnehmung und die damit verknüpften negativen Gedanken» (Baumann, 2015, S. 282 ff.).

Die Aufgabe des Sportpsychologen ist es, Angst- und Stresssituationen und deren Auslöser zu erkennen und dem Sportler die notwendige Entlastung zu bieten. Dies kann er einerseits methodisch, andererseits psychologisch tun. Methodisch hilft es beispielsweise, den Sportler bekannte Inhalte zuerst üben zu lassen, denn die verleihen Sicherheit und geben Selbstvertrauen, und darauf die nächsten Schritte aufzubauen. Psychologisch ist es in solchen Situationen wichtig, den Sportler nicht persönlich zu kritisieren, ihm einen Ort zu geben, damit er über seine Ängste sprechen darf, emotionale Wärme auszustrahlen und Vertrauen zu schenken. (Baumann, 2015) Des Weiteren sollen dem Sportler somatische (z. B. Nervosität durch spezifische Entspannungsmaßnahmen in den Griff bekommen) und kognitive (z. B. mentale Trainingsformen) Verfahren mit auf den Weg gegeben werden, damit er auch selbstständig Wege zur Bewältigung findet.

Es gibt eine ganz wichtige Anmerkung an dieser Stelle. Rühren die Ängste oder der Stress von einem psychischen Trauma her, wird dieser Prozess sehr viel Zeit brauchen und u. U. ist klinische Unterstützung hilfreich.

15.5.1. INTERVENTIONS-BEISPIELAUFGABE – ANGST UND STRESS

BEISPIEL *Sichtbar machen*

Situationen, in denen Angst und Stress empfunden werden, aufzeichnen. Es geht dabei darum, die Gefühle, die mit der entsprechenden Situation in Zusammenhang gebracht werden, zu visualisieren. Ist die Zeichnung der unangenehmen Situation vollendet, eine Zeichnung anfertigen, die die Gefühle zeigt, die gerne empfunden werden würden. Daraufhin überlegen (u. U. im Einzelcoaching), was vonnöten wäre, um von den anstrengenden Gefühlen zu den positiven zu gelangen.

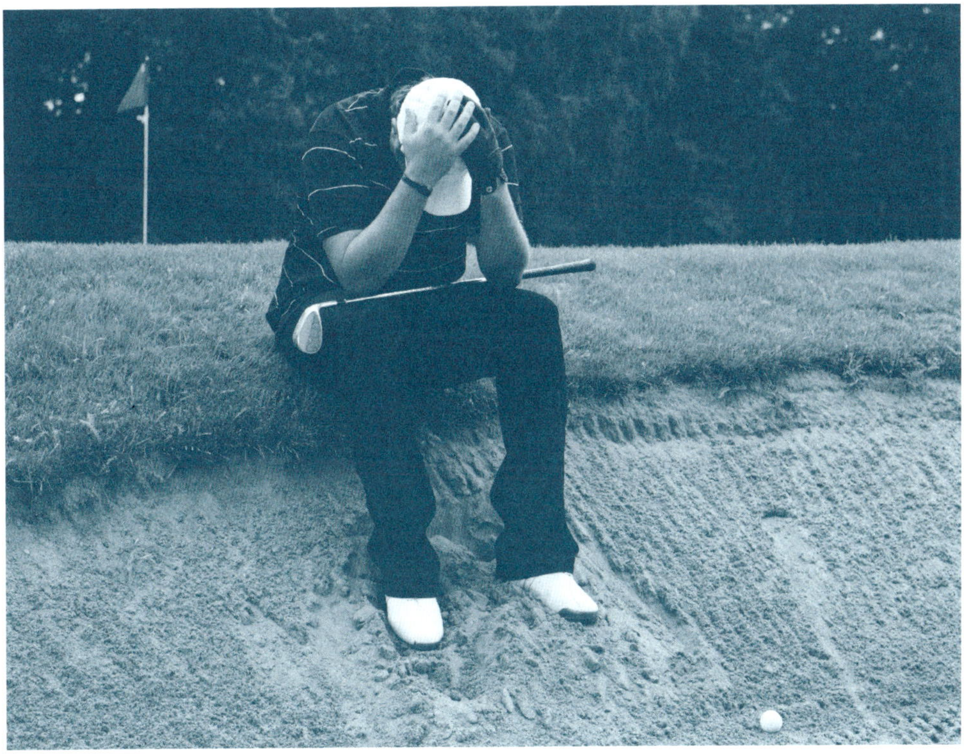

15.6. MENTALES TRAINING

Das wohl bekannteste Thema in Bezug auf die sportpsychologische Unterstützung ist das Mentale Training. Mentales Training ist, vereinfacht gesagt, das Lernen durch Vorstellung. Das heißt, es handelt sich um ein kreatives Gestalten und «beinhaltet die geplante gedankliche Vorwegnahme der Realisierung als Optimierung der Inhalte, der Methoden, der Zeit ...» (Becker, 2011, S. 152). Dieses psychologische Training ist also das planmäßig wiederholte, bewusste Sich-Vorstellen, also Visualisieren einer Übung, eines Ablaufes, einer Handlung, ohne dass der Sportler sich dazu bewegt. Dieses Visualisieren hat das Ziel, «emotionale Störungsgrößen, Hemmungen, Ängste, mentale Sperren etc. zu vermeiden, auszuschalten bzw. zu mindern» (Baumann, 2015, S. 68)

Wer Mentales Training betreiben will, muss neuen Erfahrungen gegenüber offen sein. Diese Denkweise wird Kreativität oder divergentes Denken genannt. «Divergentes Denken bedeutet, sich offen, systematisch und experimentierfreudig mit einem Thema oder Problem zu beschäftigen.» (Asendorpf, 2007, S. 209)

Wann ist aber das mentale Training sinnvoll bzw. was sind die Voraussetzungen? Anbei in Anlehnung an Alfermann & Stoll (2012, S. 62 f.) einige Gründe:

- Bevor ein Sportler mit dem Mentalen Training beginnen kann, muss sein Kopf frei sein, damit er sich voll konzentrieren kann.
- Sinnvoll ist Mentales Training erst dann, wenn der Sportler schon eine gewisse Eigenerfahrung mit der auszuführenden Bewegung und den begleitenden Umständen hat.
- Die Bewegungsvorstellung muss sich an real zu erreichenden Zielen orientieren (Läufer kann nicht plötzlich einen Marathon eine Stunde schneller absolvieren).
- Wer Mentales Training zusammen bzw. im Wechsel mit motorischem Training ausübt, wird den größten Erfolg erzielen.
- Für den Erfolg des Mentalen Trainings braucht es zudem eine ausgeprägte, lebhafte Vorstellungskraft des Sportlers. Visualisierung kann so weit gehen, dass der Sportler während der Ausführung des Mentalen Trainings Formen, Gerüche oder besondere Geräusche wiedererkennt.
- Beim Mentalen Training können Störungen auftreten. So ist während der Ausübung des Mentalen Trainings möglich, dass der Sportler in einer Bewegung hängen bleibt oder bestimmte, wichtige Bewegungsphasen überspringt. Vorkommen kann auch, dass sich bestimmte Bewegungssequenzen ständig wiederholen oder dass man die Vorstellung einfach verliert und beginnt, an etwas anderes zu denken. Eine Unterbrechung, Neu-Fokussierung oder gezielte Selbstinstruktionen können dabei Abhilfe schaffen.

Das Mentale Training hat grundsätzlich das Ziel des Lernens, des Präzisierens oder des Stabilisierens einer sportlichen Bewegung. Durch das gezielte Visualisieren kann der Lernprozess eines Bewegungsablaufes beschleunigt werden. Ebenso ist es möglich, eine erlernte Grobform zu verfeinern oder einen gut eingeprägten Ablauf z. B. bei Krankheit/Verletzung zu erhalten. Grundsätzlich gilt, je normierter und standardisierter eine Bewegung bzw. eine Handlung, desto einfacher wird die mentale Vorstellung sein.

Mentales Training eignet sich zudem sehr gut, um Ängste oder Hemmungen abzubauen, sich auf einen Wettkampf einzustimmen oder einen Ablauf (z. B. im Ski Alpin) durchzugehen. Ebenso ist es ein wichtiges Instrument für den Aufbau des Selbstvertrauens, da es innere Sicherheit vermittelt. (Baumann, 2015)

15.6.1. INTERVENTIONS-BEISPIELAUFGABE – MENTALES TRAINING

BEISPIEL

Ziel
Mentale Bewegungsvorstellungen optimieren und emotional positiv besetzen.

Diese Übung nutzt sportspezifische Bewegungsvorstellungen und hilft Sportlern, diese zu modifizieren. Alleine oder in der Gruppe überlegen sie dabei, wie sich eine bestimmte Bewegung bei einem Vorbild (z. B. einem World-Cup-Fahrer im Ski Alpin) anfühlen könnte. Das hilft, ein bekanntes Bewegungsgefühl auf ein Ziel hin zu verbessern, und nutzt den positiven emotionalen Bezug, der sich bei der Vorstellung des Vorbildes einstellt. Alternativ kann sich ein Sportler auch an eine eigene Bewegung erinnern, beispielsweise wenn er nach einer Verletzung zu einem alten Bewegungsgefühl zurückfinden möchte. Mit dem Fokus auf positiven Bewegungsausführungen bildet diese Übung einen Gegenpol zur Analyse von Fehlern: Anstatt sich immer wieder mit fehlerhaften Bewegungsmustern zu beschäftigen (und dieses dadurch einzuschleifen!), sollten positive Bewegungserfahrungen verstärkt und damit reproduzierbar gemacht werden.

Welches Vorbild nehme ich?
Der Sportler sollte sich ein Vorbild aussuchen, in das er sich besonders gut hineinversetzen kann. Dabei sollte er vor allem darauf achten, was das Vorbild bei der Bewegungsausführung spürt und welche Zuversicht und Sicherheit das Vorbild empfindet. Je besser die Identifikation mit dem Vorbild gelingt, desto wirksamer stellt sich der positive Effekt bei der eigenen Bewegung ein. Dabei kann der Trainer auch Vorbilder vorgeschlagen, die einen bestimmten technischen Aspekt besonders gut umsetzen («Stell dir mal xy vor, wie der das macht. Wie glaubst du, fühlt sich das für den an ...?»). Das Vorbild muss nicht perfekt sein, entscheidend ist, dass das Vorbild für den Sportler positiv besetzt ist, er sich etwas abschauen kann und sich gerne in dessen Bewegungen hineinversetzt.

*Übung aus dem Buch **Mentales Training im Leistungssport**, ISBN 978-3-938023-63-1, Neuer Sportverlag, Autor: Dr. Kai Engbert*

15.7. MENTALE STÄRKE

Zwischen dem menschlichen Körper und dem Gehirn findet eine ständige Wechselwirkung statt. Kein Teil kann ohne den anderen. «Fortwährend fließen Signale vom Gehirn zum Körper, bewusst oder unbewusst. Unsere Gedanken und Gefühle stehen in einem stetigen Austausch mit den Signalen des Körpers.» (Baumann, 2015, S. 237) Den optimalen Leistungszustand erreicht nur ein Sportler, dem es gelingt, diesen stetigen Austausch unter Kontrolle zu haben. Wem diese Kontrolle gelingt, verfügt über mentale Stärke. (Baumann, 2015)

Mentale Stärke ist gemäß Baumann (2015, S. 238 f.) an folgenden Signalen zu erkennen:

- Der Sportler gibt niemals auf.
- Der Sportler findet sich völlig in das Spiel hinein.
- Der Sportler kann Niederlagen akzeptieren und damit umgehen.
- Der Sportler verfügt über Selbstvertrauen.
- Der Sportler kann sich selbst motivieren.
- Der Sportler ist sein eigener Freund.
- Der Sportler denkt offensiv.
- Der Sportler kann seine Gefühle kontrollieren.
- Der Sportler konzentriert sich auf seine Technik und spielt nicht gegen die Persönlichkeit des Gegners.
- Der Sportler sucht Herausforderungen.
- Der Sportler hat Freude am Spiel / an seiner Sportart.
- Der Sportler verfolgt Ziele konsequent.

Die Voraussetzungen für diese Punkte und somit die Aufgabe des Sportpsychologen sind ein motivierter Sportler, d. h. ein Sportler, der Lust und Freude an der Ausübung seines Sportes hat, Ziele und immer wieder Situationen, in denen der Sportler bereits im Training gezwungen wird, an seine Belastungsgrenze zu gehen.

15.7.1. INTERVENTIONS-BEISPIELAUFGABE – MENTALE STÄRKE

BEISPIEL «Ob du glaubst, du schaffst es, ob du glaubst, du schaffst es nicht, du wirst auf alle Fälle recht haben!» (Henry Ford)

Sich positive Gedanken – an die der Sportler auch wirklich glaubt – aufschreiben. Dies können einzelne Worte, Zitate, Musiktexte oder selbst geschriebene Zeilen über das eigene Leben sein, die einen positiv beeinflusst haben bzw. beeinflussen.

15.8. ENTSPANNUNG

Wer Hochleistungssport betreibt, muss bewusst Entspannung in seinem Training und/oder Wettkampf einplanen. Selbstverständlich gilt dies auch für Zeiten zwischen zwei Trainingseinheiten, und da ist auf die mentale Erholung – die länger dauert als die körperliche – immer Rücksicht zu nehmen.

In diesem Abschnitt ist aber die Entspannung während einer sportlichen Aktivität gemeint und diejenige, die sich auf die Psyche bezieht.

Beim Sport braucht es ein permanentes Wechselspiel zwischen (An-)Spannung und Entspannung. Beides wirkt sich direkt auf die Leistung aus. Unter psychischer Spannung sind die zahlreichen Gedankengänge gemeint, die einem Sportler durch den Kopf gehen. Um eine gute Leistung abrufen zu können, ist es wichtig, dass die psychische Spannung aus Freude, froher Erwartung oder Selbstvertrauen besteht. Wenn sie auf Angst und Unsicherheit beruht, wird dies negative Auswirkungen auf die Leistung haben.

Der Sportler verändert seinen Spannungszustand fortwährend aufgrund seiner Gedanken, Vorstellungen, Wünsche oder Ereignisse. Sich längere Zeit in einen entspannten Zustand zu begeben, fällt schwer. Dennoch ist es empfehlenswert, es zu versuchen, denn hohe Spannungszustände verbrauchen viel mehr Energie. Entspannung wirkt sich auf folgende Punkte aus (Baumann, 2015, S. 110):

- Sie öffnet den Weg zum Unbewussten.
- Sie verhindert Energieverlust.
- Sie verhindert Schlaflosigkeit.
- Sie verbessert die Wirkung von Affirmationen (negative Bilder, Vorstellungen, Gedanken oder Gefühle durch positive zu ersetzen).
- Sie vertieft Mentales Training.

Wann die Entspannung eingebaut werden soll, ist vom Sportler abhängig. Ebenso muss ein Sportler selber spüren, wie tief er eine Entspannung braucht. Die Aufgabe des Sportpsychologen besteht darin, die Anspannung eines Sportlers wahrzunehmen und ihm Entspannungsmethoden zu offerieren.

15.8.1. INTERVENTIONS-BEISPIELAUFGABE – ENTSPANNUNG

BEISPIEL Einfache Meditation: Sich ein ruhiges Stück Musik aussuchen, das bekannt ist und gefällt. Es sollte ca. vier Minuten lang sein.

Sich entspannt hinsetzen (geht auch in der S-Bahn, vor einem Spiel etc.). Zuerst nur auf die Musik, dann auf die Gedanken hören, die im Kopf Ping-Pong spielen und nach ca. eineinhalb Minuten (ohne Stoppuhr) beginnen, auf Atmung zu achten. Ruhig und regelmäßig, mal in den Bauch, mal in den Brustkorb atmen, um dann ca. 30 Sekunden vor Ende des Musikstücks wieder auf die Musik hören. Zur Abwechslung auch mal Arme fallen lassen und zuerst den rechten, dann den linken (oder natürlich auch umgekehrt) bewusst entspannen.

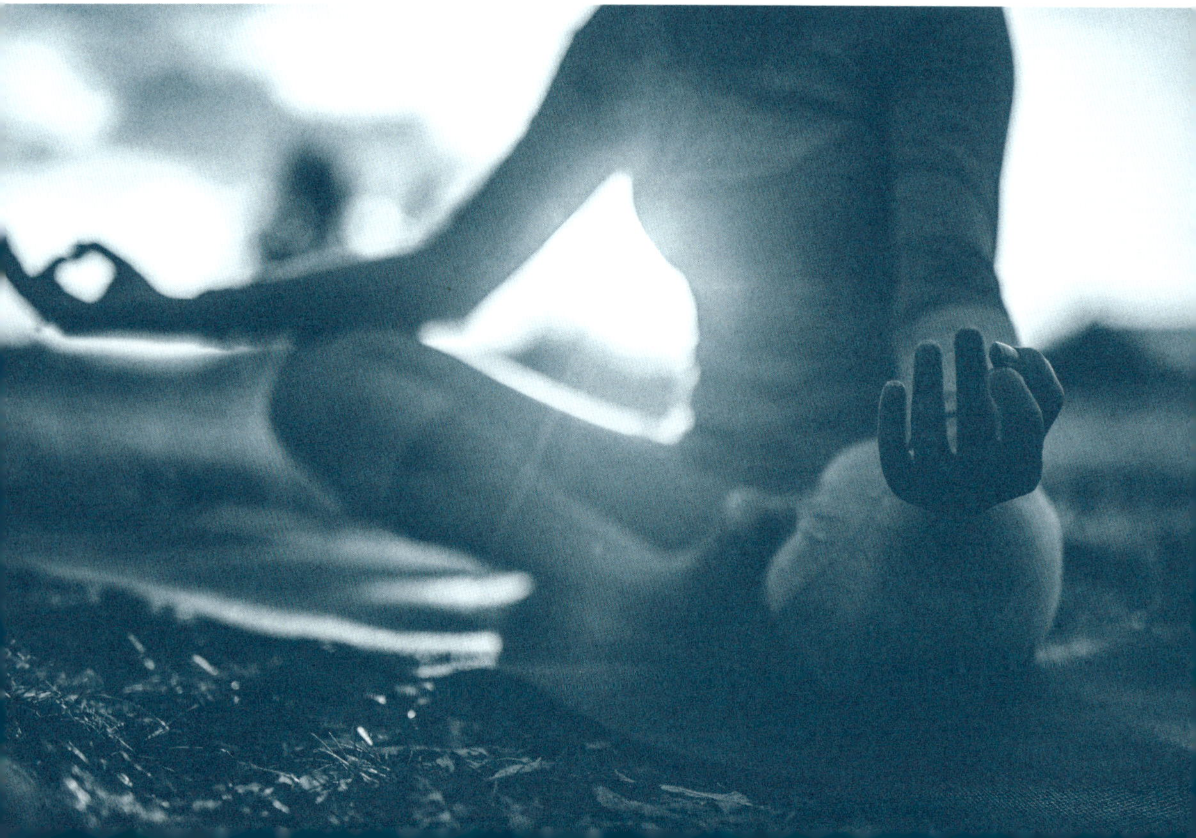

15.9. TRAININGSFEINDE

Soll ein Sportler in seiner Arbeit sein Bestes geben, muss er sich energiegeladen und gleichzeitig gelassen und entspannt fühlen. Es muss also auf Energiekiller geachtet werden. Hierzu gehören neben Nervosität, Unsicherheit oder übertriebenem Ernst auch suboptimale Trainings.

Feinde im Training für jeden Sportler sind Langweile oder Monotonie sowie Überdruss oder anders ausgedrückt Unterforderung. Wird über lange Zeit immer eintönig dasselbe trainiert, fehlen der Schwierigkeitsgrad oder die Interaktion mit anderen Sportlern wird beim Sportler das Interesse schwinden, was am Ende in Frustration endet, da keine Leistungsverbesserung mehr auszumachen ist. (Baumann, 2015)

Nicht für jeden Sportler stellen sich die erwähnten Feinde zur gleichen Zeit ein. Vielfach ist es eine Frage der Intelligenz, wann es zur Unterforderung kommt. Intelligenz setzt sich aus Fähigkeiten und Fertigkeiten zusammen (Becker, 2011, S. 7):

- *Fähigkeiten* stellen die kognitive sowie psychische und physische Basis für Handlungen dar und sind somit Grundlage für die Herausbildungen von Fertigkeiten.
- *Fertigkeiten* beschreiben das erlernbare sowie anwendungs- und funktionsbereite Können einer Person.

Sind bei einem Sportler die beiden Faktoren hoch – und das ist bei vielen Sportlern der Fall – wird es schnell zu Langeweile, Monotonie und Überdruss kommen.

Es ist die Aufgabe des Sportpsychologen, in Zusammenarbeit mit dem Trainer diese Trainingsfeinde zu erkennen und aus dem Sportleralltag zu eliminieren.

Allerdings hat ein Leistungsabfall eines Sportlers nicht immer mit den erwähnten Faktoren zu tun, sondern kann auch auf ein Übertraining hinweisen.

15.9.1. INTERVENTIONS-BEISPIELAUFGABE – TRAININGSFEINDE

BEISPIEL Sich selbst Aufgaben geben: Verspürt ein Sportler Langeweile, Monotonie oder Überdruss, kann er versuchen, ob er aus gewissen Übungen nicht selbst mehr herausholen kann. Selbstverständlich soll er dabei die Aufgabe des Trainers umsetzen. Doch viele Aufgaben lassen sich kognitiv fordernder gestalten. Z. B. bei der Ausführung einer Übung noch mehr auf die korrekte Haltung achten oder die Intensität höher halten. Das kann auch wunderbar mit dem Trainer abgesprochen werden. So weiß der Trainer vom Trainingsfeind und kann generell im Training agieren und er kann den Sportler u. U. mit Zusatzaufgaben unterstützen.

15.10. PSYCHE – PSYCHISCHE ERKRANKUNGEN

«Ziel jeden Sportlers ist es, seine körperlichen Fähigkeiten im Verlauf sportlicher Handlungen bestmöglich zu verwirklichen. Zweierlei Bedingungen beeinflussen dabei das Ergebnis der Bewegungsausführung: die Qualität der koordinativen und konditionellen Bewegungsregulation und die optimalen inneren, also psychischen Bedingungen.» (Baumann, 2015, S. 100) Hierfür muss ein Sportler seine psychischen Faktoren regulieren können. Es geht um die emotionale, die intellektuelle und die Energie-Regulation. Entscheidend sind der Wille, die Entschlusskraft, die Selbstbeherrschung und der Mut des Sportlers (Baumann, 2015, S. 208 ff.):

Wille

Der Wille stellt die Fähigkeit dar, subjektiv erlebte Schwierigkeiten und Hindernisse bewusst zu überwinden. Als Phänomen leistungssportlichen Handelns lässt sich der Wille als Fähigkeit erkennen, die zwischen subjektiver Antriebslage und Zielorientierung vermittelt. Die Willensbildung steht in enger Beziehung zur Leistungsmotivation, die durch erfolgreiches Bestehen schwieriger, aber lösbarer Aufgaben gesteigert wird. Die Leistungsmotivation stellt eine wesentliche Voraussetzung zur Verbesserung der Willensstärke dar.

Entschlusskraft

In der Entschlusskraft zeigt sich die Fähigkeit, Entscheidungen zu fällen und sie in Bewegungshandlungen zu verwirklichen. Unzählige Situationen stellen den Sportler vor Entscheidungen, die er unmittelbar in sportlichen Aktionen umsetzen muss. Der

Entschluss vermittelt zwischen der inneren Entscheidung und der zutage tretenden Ausführung. Menschen mit hoher Entschlusskraft setzen innere Entscheidungen in die Tat um. Sportler, die das Gleichgewicht zwischen persönlicher und sozialer Identität gefunden haben, werden entschlossener zu ihrer Entscheidung stehen als solche, die durch Vorbehalte, Hemmungen oder Ängste an der Ausführung gehindert werden. Selbstständigkeit, die Fähigkeit, Entscheidungen zu fällen und die Konsequenzen zu vertreten, sind Ziele der Erziehung zu persönlicher Entschlusskraft.

Selbstbeherrschung
Emotionen im Griff halten, aber nicht unterdrücken.

Mut
Mut ist erforderlich, um Ängste, Hemmungen und Unsicherheiten zu überwinden und das Handeln optimal zu steuern. Mut ist immer dann erforderlich, wenn der Sportler objektiv in der Lage ist, die Aufgabe zu bewältigen, subjektiv daran jedoch zweifelt. Mutiges Verhalten gründet auf Nachdenken über die Ursachen, Mittel und Folgen von Handlungen. Es bedarf des Wissens, der Einsicht, der Fantasie und der Erfahrung.

Gelingt diese Regulation oder Steuerung nicht, kann es zu psychischen Störungen kommen. Diese – selbstverständlich nicht nur durch den Sport ausgelösten – Störungen sind von einem Sportpsychologen zu erkennen und müssen durch Fachpersonen professionell betreut werden.

15.11. IDEEN FÜR EIN ABWECHSLUNGSREICHES TRAINING

› Ein Training muss möglichst abwechslungsreich gestaltet werden. Dies kann über Vielfältigkeit der Übungen (darauf wird nicht weiter eingegangen, da es für jede Sportart unterschiedlich ist) geschehen, aber auch über didaktische Maßnahmen und mittels spezieller Inputs, also Ideen jenseits des Herkömmlichen.

Bei den didaktischen Maßnahmen sind unterschiedliche Lernformen zu erwähnen. So können die Trainings/Übungen abwechselnd einzeln, mit Partnern und in kleinen oder großen Gruppen geschehen. Zudem können diese Lernformen verschiedene Orientierungen haben (Becker, 2011, S. 226 ff.):

- *Teilnehmerorientierung*
  Selbstbestimmung, Selbstverantwortung, Selbstorganisation
- *Handlungsorientierung*
  Handlungskompetenz in einer Situation unterstützen
- *Zielorientierung*
  auf ein Ziel hinarbeiten
- *Identitätsorientierung*
  Klärung und Stabilisierung der Identität
- *Ressourcenorientierung*
  Sicherung der erforderlichen Ressourcen
- *Kontextorientierung*
  Sportler anregen, den sozialen, organisationalen, persönlichen Kontext zu reflektieren
- *Kreativität*
  Methodenhilfen zur Gestaltung einer lernförderlichen Umgebung einsetzen, neue Impulse geben

Außergewöhnliche Inputs gibt es viele. Hier einige aus der Praxis gesammelte sowie Ideen der Autorin:

Der Schweizer Fußballtrainer Hanspeter Latour ging mit seinen Spielern in eine Waschstraße, um sich reinzuwaschen, oder gab ihnen Leckereien zu essen, die typisch für die Region des Gegners waren (sich festbeißen).

Christian Gross, ebenfalls Schweizer Fußballtrainer, ließ Pokale aus Schokolade herstellen mit dem Ziel, dass die Spieler wissen, um was es geht.

Der Fußballtrainer Martin Schmidt legte im Training sogenannte Impulstage ein und ging mit seiner Mannschaft Schneeschuh laufen und übernachtete im Zelt.

Oder die neuseeländische Rugby-Mannschaft, die vor jedem Spiel zu Maori-Kriegsgesängen einen Tanz zur Teameinschwörung vollführt.

Es gibt aber auch einfache Interventionen, wie den Besuch eines Kletterparks zur Vertrauensbildung oder -festigung, einen Orientierungslauf zur gegenseitigen Umsichtigkeit, gemeinsames Kochen und Essen, Kerzenziehen oder alternative Sportarten. Ein wichtiges Instrument ist auch immer der Humor!

16. TALENT/HOCHBEGABUNG – INTELLIGENZ IM SPORT

Ein Sportler gilt als Talent, wenn er ein besonderes Potenzial für einen Sport hat. Vielfach kann sich das auch in mehreren Sportarten zeigen.

Als hochbegabt gilt, wer das Potenzial hat, außergewöhnliche Leistungen in verschiedensten Gebieten zu erbringen. Hochbegabung wird mit der Intelligenz gemessen. Wer einen IQ von über 130 hat, gilt in der Wissenschaft als hochbegabt.

Im Leistungssport gibt es viele Talente und auch Sportler, die über einen höheren IQ verfügen. In Schweden wurde dies durch Torbjörn Vestberg und sein Team erforscht. «Die Wissenschaftler stellten bei Profifußballern der 1. Liga ein weit über dem Bevölkerungsdurchschnitt liegendes Intelligenzniveau fest.» (gfg) Oftmals wird von außen eine überdurchschnittliche Spielintelligenz beobachtet und benannt.

Der Umgang mit hochbegabten Menschen erfordert eine eigene Demut und das Verständnis, dass die Denkweisen von Hochbegabten nicht dem Alltäglichen entsprechen. Als Sportpsychologe ist es wichtig, sich dessen bewusst zu sein und wertfrei den Sportler ernst zu nehmen und ihn, falls er merkt, dass die Zusammenarbeit nicht klappt, an einen Sportpsychologen weiterzuleiten, der darin Erfahrung hat. Oftmals zeigen die Sportler kaum überwindbare Widerstände, weil sie das Gefühl haben, dass sie eh nicht verstanden würden.

Für Sportler heißt es, vor allem dann, wenn sie von ihrer Hochbegabung wissen, sich entsprechende Unterstützung zu suchen. Dieser Aufwand lohnt sich, denn der Mehrwert mit angepasster, individueller Unterstützung kann groß sein.

17. SCHLUSSWORT

Das vorliegende Buch hat einen Einblick in die Arbeit zwischen einem Sportpsychologen und einem Sportler gegeben. Es wurde aufgezeigt, dass eine Unterstützung zu jeder Zeit - auch wenn für den Sportler und sein Team alles im grünen Bereich verläuft - eine persönliche Weiterentwicklung des oder der Protagonisten zur Folge hat.

Wer sich an den beschriebenen Ablauf hält, wird mit Sicherheit ein bereicherndes Ergebnis erzielen können. Allerdings wird die Zusammenarbeit / das Projekt immer an seinem Erfolg gemessen. Daher gibt es zahlreiche Schlüsselstellen während des Projektablaufes. Hierzu gehört die Vertrauensklärung unter Hürde eins. Nur wer sich vertraut, dem wird es gelingen, gut zusammenzuarbeiten. Als weiterer Schlüssel gilt die Zieldefinition. Klar formulierte und messbare Ziele (SMART) dienen allen am Projekt Beteiligten als Motivation vorwärtszugehen und können am Ende auch die Auswertung erleichtern.

Selbstverständlich wird nie jedes Projekt mit dem gewünschten Erfolg bzw. der angestrebten Zielerreichung abgeschlossen werden können. Hier sollte das dennoch Erarbeitete/Erreichte in den Vordergrund gerückt werden und nicht das Scheitern bzw. das Nicht-Erreichen.

Abschließend noch einmal zusammenfassend die wichtigsten Punkte in der Zusammenarbeit zwischen einem Sportler und einem Sportpsychologen:

- Eine sportpsychologische Zusammenarbeit ist als Projekt zu sehen.
- Ein sportpsychologisches Projekt hat immer einen Anfang und ein Ende mit klarer Zieldefinition.
- Ein sportpsychologisches Projekt ist Arbeit eines Teams oder in Form von Einzelcoaching.
- Ein Sportpsychologe ist immer ein Unterstützer von vielen.
- Die Unterstützung durch einen Sportpsychologen ergibt immer Sinn, da der Sportpsychologe eine weitere - meist etwas andere - Sichtweise einbringt.

- Da zwischen Körper und Geist eine Wechselwirkung besteht, ist eine Leistungssteigerung im Hochleistungssport oft nur noch durch das Training des Kopfes möglich, da anderweitig schon vieles optimiert wurde.
- Eine sportpsychologische Einflussnahme hat immer eine Veränderung einer Situation oder einer Einstellung zur Folge und bewirkt so eine persönliche Weiterentwicklung.
- Die Arbeit zwischen einem Sportpsychologen und einem Sportler basiert auf Vertrauen.
- Ein Sportpsychologe zeigt immer nur Möglichkeiten zur Veränderung auf, er entscheidet nie! Die Entscheidung liegt immer beim Sportler.
- Per se ist bereits ein «einfaches» Gespräch eine Intervention. Dennoch erfolgt eine bewusste sportpsychologische Intervention immer aufgrund gemeinsam bestimmter Ziele.

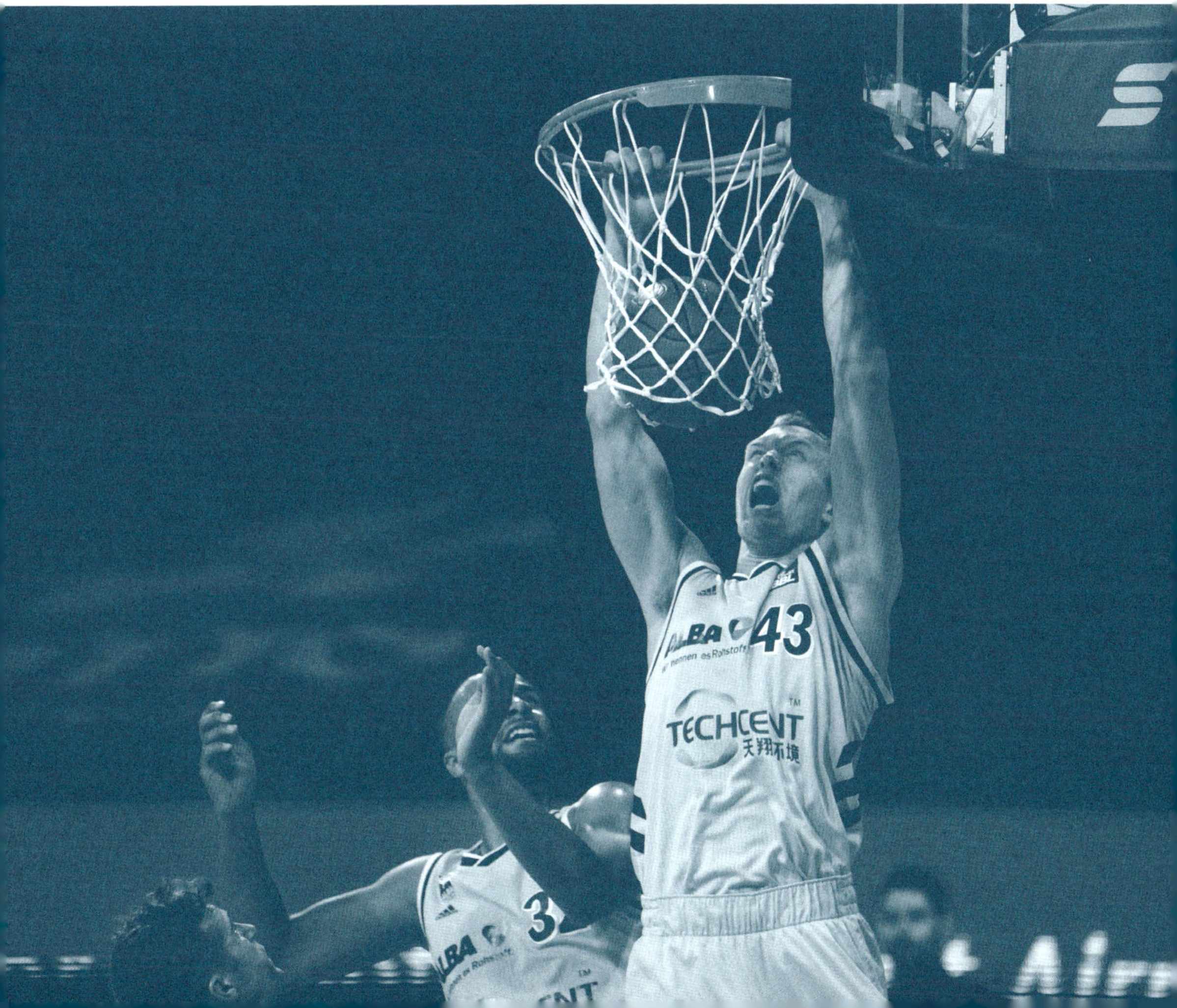

SCHLUSSWORT DER AUTORIN

Es würde mich freuen, wenn ich Ihnen in diesem Buch etwas näherbringen konnte, wie hilfreich die Zusammenarbeit mit einem Sportpsychologen sein kann, und Sie nun nicht nur bereit für die Sportpsychologie, sondern «Ready für ein (Blind) Date mit dem Sportpsychologen» sind!

Viel Spaß bei Ihrer individuellen persönlichen Weiter-Entwicklung. Ich wünsche Ihnen auf Ihrem sportlichen wie auch privaten Weg alles Gute und viel Erfolg!

Ihre Renate Eichenberger

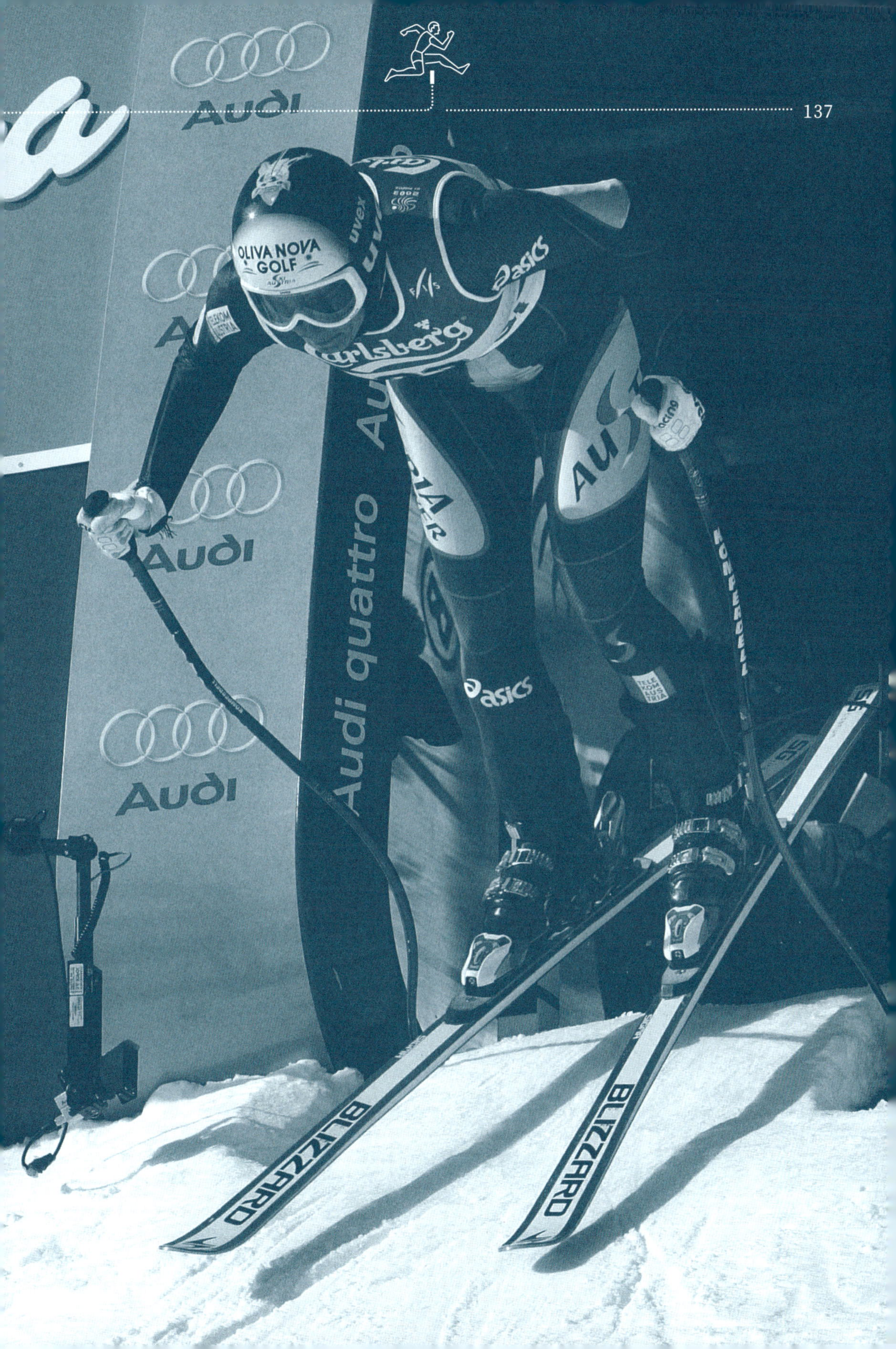
Audi
Audi
Audi
Audi quattro
OLIVA NOVA GOLF
uvex
Carlsberg
asics
AUSTRIA
asics
BLIZZARD
BLIZZARD

LITERATURVERZEICHNIS

- Alfermann D. & Stoll, O. (2012):
  Sportpsychologie – Ein Lehrbuch in 12 Lektionen, 4. Aufl., Aachen
- Aronson, E., Wilson T. D. & Akert, R. M. (2004):
  Sozialpsychologie, 4. Aufl., München
- Asendorpf, J. B. (2007):
  Psychologie der Persönlichkeit, 4. Aufl., Heidelberg
- Baisch, H.-L. (1988):
  Coach für Chefs, Esquire, 11, S. 34-37 in Rauen, Ch. (2003). Coaching. Göttingen
- Baumann, S. (2015):
  Psychologie im Sport, 6. Aufl., Aachen
- Becker, M. (2011):
  Systematische Personalentwicklung – Planung, Steuerung und Kontrolle im Funktionszyklus, 2. Aufl., Stuttgart
- Brand, R. (2010):
  Sportpsychologie, Berlin
- Brauchle, G. (2000):
  in: Brauchle, G., Wirnitzer, J., Mariacher, A., Ballweber, P. & Beck:
  Das verdrängte Thema: Sekundäre Traumatisierungen von Notfallpsychologen, Linz
- De Jong, P. & Berg, I. K. (2003):
  Lösungen (er-)finden – Das Werkstattbuch der lösungsorientierten Kurztherapie, 5. Aufl., Dortmund
- Diller, H. (2007):
  Preispolitik, 4. Aufl., Stuttgart
- Doppler, K. & Lauterburg, Ch. (2002):
  Change Management – Den Unternehmenswandel gestalten, 10. Aufl., Frankfurt
- Doppler, K. & Lauterburg, Ch. (2014):
  Change Management – Den Unternehmenswandel gestalten, 14. Aufl., Frankfurt
- Freud, Sigmund (1912):
  Ratschläge für den Arzt bei der psychoanalytischen Behandlung.
  In: Gesammelte Werke, Bd. VIII., 9. Aufl., Frankfurt am Main: 1996, 376–387.
- Fröhlich, W. D. (1968):
  Wörterbuch Psychologie, 26. Aufl., München
- Gabler, H., Nitsch, J. R. & Singer, R. (2004):
  Einführung in die Sportpsychologie – Teil 1: Grundthemen, 4. Aufl., Schorndorf

- Gerrig, R. J. & Zimbardo, P. G. (2008):
  Psychologie, 18. Aufl., München
- Haberleitner, E., Deistler, E. & Ungvari, R. (2006):
  Führen, Fördern, Coachen – So entwickeln Sie die Potentiale Ihrer Mitarbeiter, 8. Aufl., München
- Hänsel, F., Baumgärtner, S. D., Kormann, J. & Ennigkeit, F. (2016):
  Sportpsychologie, Wiesbaden
- Homburg, C. (2012):
  Marketingmanagement; Strategie – Instrumente – Umsetzung – Unternehmensführung, 4. Aufl., Wiesbaden
- Kastner, M. (2004):
  Ethische Kommunikation. In: A. E. Auhagen (Hrsg.), Positive Psychologie, Anleitung zum «besseren Leben», Weinheim
- Krüger, J. (1995):
  Direktmarketing in Verlag und Buchhandel, Friedrichsdorf
- Meffert, H., Burmann, C. & Kirchgeorg, M. (2012):
  Marketing; Grundlagen marktorientierter Unternehmensführung, 11. Aufl., Wiesbaden
- Meyer, Th. (2011):
  Sportpsychologie – die 100 Prinzipien, München
- Neuberger, O. (2002):
  Führen und führen lassen, 6. Aufl., Stuttgart
- Rasche, F. (2011):
  Sportpsychologie im Triathlon – Mit innerer Stärke zu Höchstleistungen im Ausdauersport, Hamburg
- Röthig, P. & Prohl, R. (2003):
  Sportwissenschaftliches Lexikon, Schorndorf
- Schnabel, G., Harre, D. & Borde, A. (1998):
  Trainingswissenschaft, 2. Aufl., Berlin
- Schulz von Thun, F. (2009):
  Miteinander reden 1, 47. Aufl., Reinbek bei Hamburg
- Watzlawick, P., Beavin, J. & Jackson, D. (2011):
  Menschliche Kommunikation, 12. Aufl., Bern
- Weinberg, R. & Gould, D. (2007):
  Foundations of sport and exercise psychology, 4th ed., Champaign, IL

WEITERE LITERATUR

- APA, American Psychological Association, Abruf 03.08.2020
  https://www.apa.org/ethics/code
- asp, Arbeitsgemeinschaft für Sportpsychologie in Deutschland e.V., Abruf am 11.05.2016
  URL: asp-sportpsychologie.org/
- BISp, Bundesamt für Sportwissenschaft, Abruf 25.05.2016
  URL: bisp-sportpsychologie.de
- DOSB, Deutscher Olympischer Sportbund, Abruf am 06.05.2016
  URL: dosb.de
- Duden, Abruf am 06.05.2016
  URL: duden.de
- Gfg, Abruf am 19.07.2020
  URL: https://www.gfg-online.de/downloads/auszuege/2017_03.pdf
- Humor, Abruf 15.05.2016
  URL: therapie.de/psyche/info/ratgeber/humor/
- Projekte leicht gemacht, Abruf 03.08.2020
  URL: https://projekte-leicht-gemacht.de/blog/pm-methoden-erklaert/das-eisbergmodell/
- Projektmanagementhandbuch, Abruf 27.05.2016
  URL: projektmanagementhandbuch.de
- Salber, W., Abruf 03.08.2020
  URL: https://www.psychologischemorphologie.de/psychologschemorphologie_nach_wilhelm_salber/#methodik
- Schoch, B. (2007), Abruf 03.08.2020
  URL: https://www.yumpu.com/de/document/read/20754226/selbstwahrnehmung-und-fremdwahrnehmung
- Trainingsworld, Abruf 27.05.2016
  URL: trainingsworld.com/sportmedizin/trainingsziele-sti110537/zielarten-sport-nicht-jeder-pfeil-trifft-worauf-gezielt-ist-horaz-1614194.html

ABBILDUNGSVERZEICHNIS

BILDVERZEICHNIS

ÜBER DIE AUTORIN

Seit über 40 Jahren ist der Sport der zuverlässige Begleiter von Renate Eichenberger. Ob früher aktiv als Kunstturnerin oder Läuferin und Triathletin, später als Schwimmlehrerin, als Instruktorin für Aqua-Fit und Aquacycling oder als Leiterin im Turnen und heute in der Sportpsychologie.

Vor Jahren machte sich Renate Eichenberger selbstständig und gründete 2014 die Eichenbergers GmbH und unterstützt seither Unternehmen in den Bereichen Management und Kommunikation und Privatpersonen, Einzelsportler sowie Teams in ihrer persönlichen Weiter-Entwicklung. So zählen u. a. im sportpsychologischen Bereich Alba Berlin (Basketball), die Basketball-Bundesliga, der 1. FC Union Berlin (Fußball), Sportler und Trainer aus den Sportarten Tennis, Kunstturnen, Springreiten, Wasserball, Schwimmen, Golf sowie Schiedsrichter im Fußball und Basketball zu ihren Kunden. An der Business School Berlin hat sie einen Lehrauftrag.

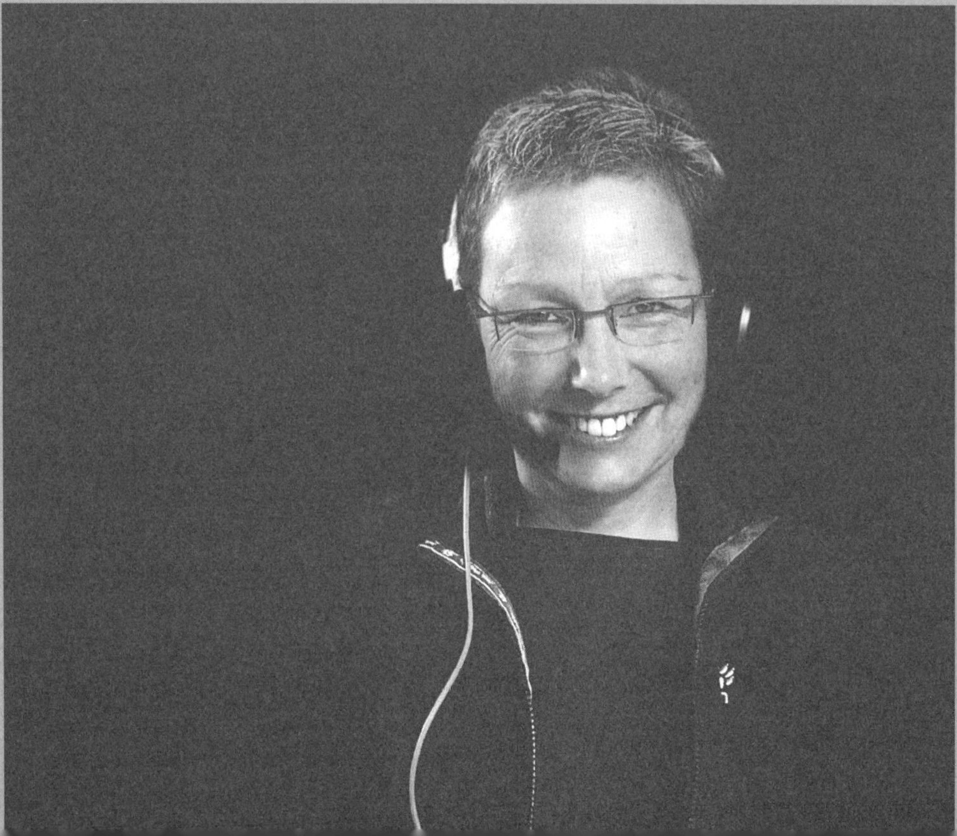

Sie ist 1973 in Genf geboren, lebte zwischenzeitlich in Singapur und ist heute in der Nähe von Basel und in Berlin zu Hause.

Erfahrung sammelt sie täglich, weil ihr ihre persönliche Weiterentwicklung wichtig ist. Das Fundament bilden dabei eine kaufmännische Ausbildung und die jahrelange Arbeit in diesem Bereich sowie die langjährige freiwillige Mitarbeit bei einer Telefonseelsorge, die sie geprägt haben.

Dank eines Bachelorabschlusses in Angewandter Psychologie in Olten, eines Masterstudiums im Bereich Management in Stuttgart sowie eines Masterabschlusses in Sportpsychologie in Berlin greift sie auch auf fundiertes theoretisches Wissen zurück.

Der Abschluss in Notfallpsychologie und die daraus resultierende Arbeit als Caregiver, wobei sie Menschen während oder nach belastenden Ereignissen und Situationen unterstützt, lassen sie auch in schwierigen Situationen die Ruhe bewahren.

Und durch die Begleitung ihres im Jahre 2000 geborenen Sohnes Bastian (Buch: «Fluch oder Segen? Das Leben mit einem hochbegabten Kind»[1]) – der mit 13 Jahren das Britische Abitur abschloss, sich im Alter von 14 im Bachelorstudiengang Chemie an der Albert-Ludwigs-Universität in Freiburg i. Br. eingeschrieben hatte, mit 19 Jahren seinen Masterabschluss in Molekularbiologie an der Universität Basel erlangte und aktuell am FMI in Basel an seiner Dissertation arbeitet –, weiß sie, dass es für jede Herausforderung eine Lösung gibt – manchmal auch unkonventionelle.

[1] *Das Buch* ***Fluch oder Segen – Das Leben mit einem hochbegabten Kind*** *ist im Verlag Tredition erschienen. Es ist in dreifacher deutscher Ausführung (Hardcover ISBN 978-3-8495-8616-4; Softcover (Paperback) ISBN 978-3-8495-8615-7; E-Book 978-3-8495-8672-0) Buchhandel oder über tredition.de/buchshop/ sowie in englischer Sprache erhältlich.*

IMPRESSUM

Blind Date Sportpsychologie
ISBN 978-3-96416-045-4

Autorin
Renate Eichenberger, www.eichenbergers.ch

Projektleitung und Redaktion
Hendrik Schulze Kalthoff, Nadine Müller

Gestaltung
Joschka Silzle

Layout, Satz und Bildbearbeitung
Hendrik Schulze Kalthoff, André Poch

Herausgeber
Neuer Sportverlag
Beim Hochwachtturm 2, 71332 Waiblingen
www.neuersportverlag.de